Fortur

塔羅解牌
研究所3

四週實戰課

── 橫掃日、韓塔羅排行榜，塔羅系統式自學第三彈 ──

4週間でマスター！
書き込み式78枚で
占うタロットレッスン

楓葉社

78張塔羅牌

製作專屬於您的關鍵字集

　　初學者在解讀塔羅牌時很容易面臨障礙。正因為過度受限於文本上的意義，才會感覺解讀得不順利。畢竟要將78張塔羅牌義全背下來有難度，而即使在占卜時一邊跟經典大眼瞪小眼，鑑定的結果也會顯得欠缺靈活度。

　　而在這種時候，本書中專屬於自己的關鍵字集就能派上用場。請您寫下從牌面上感覺到的任何事物。經典的解牌法雖然很重要，但自己憑直覺獲得的意象也相當寶貴，這也是屬於塔羅牌與您之間的「祕密暗號」。

　　比如說，看了「太陽」這張牌，腦中若是浮現「日曬」，就將之寫進關鍵字集裡。當占卜時出現「太陽」，而單靠其他書籍又解讀不出來時，或許就是「太陽」正在試圖向您傳達「日曬」這樣的訊息。您所收集的原創關鍵字應該能如此成為提示才對。請當成製作專屬於自己的塔羅牌辭典般，試著寫下來看看吧。

關鍵字集的閱讀方式

本書收錄了78張塔羅牌的基本關鍵字。
請在此確認各項目的閱讀方式、 MY KEYWORD 的運用方法。

④ 正位

不知道事情會變得怎麼樣

新的邂逅／輕鬆的步調／不太計較的單純性格／抽象的／自由業／靈光一閃／大刺刺／無拘無束／空白／無關緊要／樂觀的／愛作夢／偶然

③ ── KEYWORD: 自由

⑤ 逆位

由於猶豫不決而任人擺布

玩咖／左手賺錢右手花錢／隨便／逃避現實／沒有計畫／看不見未來／不負責任而難以信任／人云亦云／猶豫不決的態度／見異思遷／裝腔作勢地耍流氓／三分鐘熱度

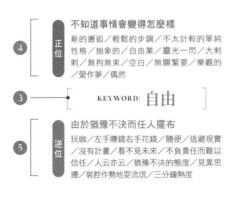

② ⓪

THE FOOL

THE FOOL
愚者

MY KEYWORD ⑥

- 超乎想像
- 輕鬆隨意的
- 或許有點像 A 同學
- 外出牌
- 無固定座位制

---

① 塔羅牌的名稱與編號

22張大阿爾克那全都有名字；小阿爾克那則僅有一（Ace）、侍者、騎士、王后、國王有名稱標示。2～10則沒有名稱，而是以四種花色（符號）的物品與數量組合而成。

② 塔羅牌的圖案

塔羅牌的圖案是解讀塔羅牌的重要關鍵。本書中所介紹的是最為基礎的塔羅牌「萊德・偉特・史密斯塔羅」。

③ KEYWORD

這裡所寫的是作為塔羅牌核心的關鍵字。重點在於如何從這裡拓展意象，與占卜主題相連繫。

④ 正位的意義

當塔羅牌圖面以正面呈現時的意義及關鍵字。

⑤ 逆位的意義

當塔羅牌圖面上下顛倒時的意義及關鍵字。

⑥ MY KEYWORD

請寫下關於這張牌所意識到的事物或自己的詮釋，就算不一口氣挑戰全部的塔羅牌也不要緊。在執行本書課程、實際占卜的過程中如果有所發現，就請將內容填入。只要製做出專屬於您的關鍵字集，就不會侷限於文本的解析，而能掌握符合自己風格的解讀方式。

填寫範例

- 出現這張牌時，就有極高機率發生○○。
- ○○○牌（塔羅牌的暱稱）。
- 如果以諺語來比喻……
- 出乎意料地不是一張壞牌。
- 不知為何，在占卜戀愛時經常出現。
- 可能也有○○的意思。

在此察看LUA對78張塔羅牌的原創解釋。請試著當作自由詮釋的提示。

LUA的塔羅牌獨見 愚者 身後的大浪看起來就像刨冰。或許正是會吃壞肚子這點很像愚者。

何謂大阿爾克那？

作為塔羅牌最核心的22張牌，
愈是重要就愈需要平易近人的詞彙呈現

　　許多人聽見「塔羅牌」一詞時，會在腦中浮現的形象應該是大阿爾克那（Major Arcana）吧。大阿爾克那共有22張牌，以0號「愚者」開始，最後以「世界」結束。據說0～21號牌的內容正代表著世界的完成或是一場人生旅程。

　　大阿爾克那的特徵，正是具有角色以及由各式各樣的神祕學與思想所構成的主題。與代表日常生活事項的小阿爾克那呈對比，大阿爾克那的主題多具有「命運」或「命中註定」等宏偉的涵義。在展開塔羅牌時，只要注意出現大阿爾克那的位置，應該就能順利解讀。

　　只不過，如果過度在意其宏偉的牌義，就只會浮現偏離現實的詞彙，而淪為沒有現實感的占卜。在撰寫 MY KEYWORD 時，最重要的是蒐集貼近日常生活的詞彙。如果能用熟悉的詞彙加以表現，比如說〈女祭司〉代表「知識分子」等等，應該就能更快熟稔。

正位｜不知道事情會變得怎麼樣

新的邂逅／輕鬆的步調／不太計較的單純性格／抽象的／自由業／靈光一閃／大刺刺／無拘無束／空白／無關緊要／樂觀的／愛作夢／偶然

[KEYWORD: 自由]

逆位｜由於猶豫不決而任人擺布

玩咖／左手賺錢右手花錢／隨便／逃避現實／沒有計畫／看不見未來／不負責任而難以信任／人云亦云／猶豫不決的態度／見異思遷／裝腔作勢地耍流氓／三分鐘熱度

0

THE FOOL

THE FOOL

愚者

MY KEYWORD

THE MAGICIAN
魔術師

1

正位
主動展開行動
美好戀情的開端／大展長才／具獨創性的工作／準備就緒／靈感滿滿／精明的人／有自信／有利的談判／巧妙地周旋／站在起跑線上

[**KEYWORD:** 創造力]

逆位
只想獲得利益或好處
猶豫／標新立異的行為／只顧自己方便的情人／準備不足／無法發揮才能／敷衍／笨拙／變得消極／事情無法順遂／束手無策／毫無根據的自信／吃得很開

THE HIGH PRIESTESS
女祭司

2

正位
以智慧與理性凝望
高不可攀／柏拉圖式愛情／勤勉／認真／內心細膩／理性判斷／纖瘦／強烈憧憬／不依賴人而獨立／素雅／少女特質／浪漫／黑白分明／有工作熱忱的人

[**KEYWORD:** 精神性]

逆位
只看見自己想看的事物
神經質的人／嫉妒／能力不足／不成熟／完美主義／不懂裝懂／潔癖／排除不中意的人／過時／情緒不穩定／偏見／歇斯底里／沒有餘裕／獨裁女王／起口角

THE EMPRESS
女皇

3

正位
盡情享受豐饒的收成
女性魅力／愛人與被愛的關係／母性／懷孕／游刃有餘／產生利益／舒適的職場環境／放鬆／奢侈／不求回報的愛／成熟／優雅／才貌兼備

[**KEYWORD:** 愛]

逆位
對過多的恩惠感到厭倦
吊兒郎當／肉體關係／出軌／互相依存／行為不檢／無利可圖的工作／怠惰／一無所獲／發胖／過度保護／過度干涉／劃清界線／只考慮自身利益的人／依賴外力

LUA的塔羅牌獨見 魔術師 發布影片的人。可能會藉由表演或介紹商品的影片來獲得點閱率吧。

正位

得到持續性的穩定

以結婚為前提交往／領導能力／能幹／獲得權力／信賴關係／建立穩固的友誼／自信／強悍／父性／值得信任的人／經營者／勝利／男性特質／支柱

[KEYWORD: **社會**]

逆位

藉由力量獲得一時的穩定

自私自利的戀情／逞強／過於冷淡／厭倦／被逐出原本的地位／不受支持的領袖／高壓態度／應該接受他人意見／自我中心／逃避責任／甘於第二／眼界狹隘／固執的人

4

THE EMPEROR
皇帝

正位

受倫理道德締結的信賴羈絆

能成為精神寄託的戀情／受到祝福的婚姻／信賴關係／法律／精神上的羈絆／倫理觀一致／婚喪喜慶／傳統／禮節／領導者／敬愛／背負期待／神聖的事物／重視倫理道德

[KEYWORD: **倫理道德**]

逆位

利用信任與羈絆而違反倫理道德

隱藏的欲望／賤賣自己／利用善意／價值觀不合／不道德／別聽信花言巧語／懷疑／偽善／桃色陷阱／盲目相信／無法信任／過於自由而散漫

5

THE HIEROPHANT
教皇

正位

如同置身於夢境般的幸福

墜入愛河／如作夢般的戀情／愉快的工作／夥伴關係／交涉成立／相談甚歡／玩心／純粹的心情／不受打擾／平易近人／受喜愛的角色／信任

[KEYWORD: **舒適愜意**]

逆位

耽溺於眼前的逸樂

三角關係／隨便的戀情／沒有愛情的交往／合不來的對象／躁動／敗給誘惑／享樂的／態度敷衍含糊／沒有獲益的行動／過於晚熟／成癮而戒不掉

6

THE LOVERS
戀人

正位 果敢地挑戰事物

積極拉近距離／一口氣發展／克服障礙／乘勢而行／意見通過／贏過競爭對手／行動力／勇氣／移動／旅行／活力十足的人／忙碌的情況／奔跑／決戰之時

[KEYWORD: **能量**]

逆位 無法自我控制

吵個不停／性急的人／情緒失控／企畫落空／激烈衝突／被迫面臨苦戰／變更路線／得意忘形／疲勞／拖拖拉拉／趁機胡鬧／徒勞無功／沒自信

7

THE CHARIOT
戰車

MY KEYWORD

正位 渡過困難

長時間成就的戀情／解除對方的戒心／努力到最後／化敵為友／大器晚成／將逆境化為助力／拿捏力度／獲得後盾／成熟的應對／不屈不撓的意志／克服弱點

[KEYWORD: **原力**]

逆位 難以忍耐而撒手不管

需要察言觀色的對象／想放棄一切／在達成前夕放棄／自私任性的人／逃避／不想正視問題／只差一步卻放棄／逞強／不認輸

8

STRENGTH
力量

MY KEYWORD

正位 追求理想

隱藏在心裡的戀情／年長的對象／率領部下／專業職務／令精神感到充實的工作／商量對象／狂熱／學習的時刻／維持現狀／過去藏有提示／無論好壞都有變化／享受孤獨

[KEYWORD: **尋求**]

逆位 不正視現實

妄想戀情／緊抓著過去的戀情不放／不適應社會／無業／性格內向／過去的榮耀／封閉內心／過於堅持／難以取悅／自我陶醉／眼界狹隘／在意面子／畏縮怯懦

9

THE HERMIT
隱士

MY KEYWORD

事態因為命運的洪流而好轉

一見鍾情／結婚／掌握機會／直覺敏銳／狀態絕佳／臨機應變／初次見面就情投意合／靈魂伴侶／感興趣／適時出現的事件／走在命運的岔路

[KEYWORD: **命中註定**]

被命運玩弄於股掌之間

短暫的戀情／錯過好機會／努力徒勞無功／運氣不好／不擅長的工作／違和感／形勢變得不利／過時／無趣／不合時宜／時機不佳／逆水行舟／驚心動魄

正位
逆位

10

WHEEL of FORTUNE.

WHEEL of FORTUNE
命運之輪

不夾雜個人情感地冷靜應對

對等的情人關係／合適的對象／正當報酬／事業生活兩得意／平等／平手／不喜歡也不討厭／審判／不流於情感／公私分明／行為中立／比較

[KEYWORD: **平衡**]

受到情感左右而採取不合理的應對

經過計算的戀情／作為備胎的情人／不公平的職場／以自己方便來思考／內疚／失衡的關係／罪惡感／正確卻缺乏人情的應對／使詐或作弊曝光／為了自保而拚命辯解

正位
逆位

11

JUSTICE.

JUSTICE
正義

面對現況而冷靜思考

戀情停滯／奉獻型的戀情／孤立的狀況／一味地忍耐／自我犧牲／嚴以律己／感覺到無力／等待時間解決問題／超過容許範圍／手足無措的狀況／正在反省

[KEYWORD: **靜止**]

無法接受現況而掙扎

伴隨著痛苦的戀情／陷入泥沼／在意回報而工作／即使抵抗也沒有改變的狀況／只考慮到自己／焦急而失敗／靜靜等待才是聰明的選擇／無法下定決心／自虐

正位
逆位

12

THE HANGED MAN.

THE HANGED MAN
吊人

正位

前往新的階段

新戀情的開始／離別／跳槽或異動／失業／合理性思考／放下執念／搬家／心態重整／轉捩點／新舊更迭／世代交替／華麗的退場／起死回生之時

[KEYWORD: **定數**]

逆位

受到過去束縛而無法前進

難以放棄的戀情／令人著急的單戀／孽緣／倔強／重複同樣的事／無法應對變化／難以割捨過去／半途而廢／遲疑不決／依戀不捨的言行／不肯輕易死心

13

DEATH
死神

正位

接受全新事物

合得來的情人／討論／不同行業間的交流會／相互理解的關係／與人往來／聽取許多人的意見／折衷方案／安排得當／給予正向刺激的人／重新檢視生活習慣

[KEYWORD: **反應**]

逆位

無法接受異己的事物

沒有交集的戀情／欠缺協調性／獨自扛起工作／無法敞開心胸／不聽取他人意見／怕生／溝通不足／無效／獨裁體制／性質不合／抗拒／錯身而過

14

TEMPERANCE
節制

正位

敗給心裡的惡魔

出軌／戀愛依存／家暴／在工作上欺騙自己／撒嬌／壞朋友／養成壞習慣／無止盡的欲望／無法自律／醜陋／沒有常識／低級的言行／好色／鬼迷心竅而失去一切／被掌握弱點

[KEYWORD: **咒縛**]

逆位

與心裡的惡魔交戰

斬斷孽緣／端正內心／要求改善待遇／健康的人際關係／面對自卑感／努力戰勝恐懼／重生的機會／察覺到自己的過失／改正墮落的生活

15

THE DEVIL
惡魔

LUA的塔羅牌獨見 　女皇　紙醉金迷。如果不適可而止，就只會徒增身心的贅肉罷了。

正位 突如其來的衝擊

閃電結婚／大膽地改革／破產／職場環境
一百八十度轉變／出乎意料的麻煩／情緒爆
發／打破常識／意外／很有個性／事故／改
造／變得自暴自棄／革命

[KEYWORD: **破壞**]

逆位 漸漸發生的衝擊事態

分手的意識產生／露出破綻／想改變卻改變
不了／一觸即發／忍耐的極限／九死一生／
老化／緊繃的氛圍／沒提出解決方案而崩潰
／迴避最糟糕事態

16

THE TOWER
高塔

MY KEYWORD

正位 迎向光明的未來

產生期待／有希望／理想的情人／燦爛的工
作／成為明日之星／上軌道／積極正向的思
考／酒／藥物見效／身體狀況恢復／純真／
湧起幹勁／獲得靈感

[KEYWORD: **希望**]

逆位 希望隨無法實現而消逝

理想過高／悲觀／希望變成失望／努力白費
／失去目標／廢話過多／遺忘過去／沒精神
／理想論／不單純／很掃興／幻滅／看不見
未來

17

THE STAR
星星

MY KEYWORD

正位 沉浸在幻想中無法看清現實

虛偽的戀情／善變的心／杜撰的工作／不公
開／招致誤解／互相刺探內心想法／隱藏真
正的自己／遍尋不著／幻象／倦怠的心情／
沉浸在妄想中／痴心

[KEYWORD: **神祕**]

逆位 一點一點地看得見現實

察覺到虛偽／想隱藏的關係曝光／幻滅／回
過神來／濃霧散去／說出真心話／疾病痊癒
／看見現實／甩開臆測／得以預測／不安消
散／確認內心

18

THE MOON
月亮

MY KEYWORD

正位

獲得努力的成果

健康的戀情／公認的情侶／態度坦率／獲得成功／重見光明／出人頭地／能令人重振精神的對象／揮灑個人本色／健康／孩童／毫無隱瞞的關係／充實的每一天／活化

[KEYWORD: **歡欣**]

逆位

看不見陽光

無法坦率地感到高興的戀情／眾矢之的／沒有已經成功的真實感／回報很少／無法由衷露出笑容／有陰霾／無法展現自己／體力不足／顧慮太多／基於計較而行動／偏袒

19

THE SUN
太陽

MY KEYWORD

正位

掌握轉瞬間的機會

認定是命中註定的戀情／表白／破鏡重圓／再次挑戰的機會／長時間擱置的計畫再次執行／作個了斷／回想起來／恢復／卸下重擔／回歸初衷／轉捩點

[KEYWORD: **解放**]

逆位

延遲後就錯過機會

留戀／戀情沒有結果／準備不足／錯失機會／懷疑自己的幸運／延遲決定／受到過去束縛／為時已晚／遺忘／找不到／推遲討厭的事／腐敗

20

JUDGEMENT
審判

MY KEYWORD

正位

達成目標而感到滿足

兩情相悅／幸福的婚姻／天職／品嚐成就感／想要更上一層樓／老交情／最棒的自我肯定感／勝利／理解一切／無論結果如何都感到滿足／快樂結局

[KEYWORD: **完成**]

逆位

因不滿意的結果而撤退

失去對情人的感恩之情／制式化／驕傲／功敗垂成／不完全燃燒／未完成的工作／遲遲沒有進展／維持現狀／半途而廢感到後悔／專注力中斷／沉浸在自我陶醉中

21

THE WORLD
世界

MY KEYWORD

LUA的塔羅牌獨見　皇帝　一位老闆。位居組織頂點，率領眾人……這樣的姿態正如同老闆本身。

何謂小阿爾克那？

56張描繪著日常情景的塔羅牌，
關鍵在於感受其中的微小差異

　　小阿爾克那（Minor Arcana）是以四種花色（符號）所構成的56張塔羅牌，花色分別對應「構成萬物的四大元素」與「人生的四大動機」：權杖（棍棒）對應火與熱情；錢幣（金幣）對應地與物質；寶劍對應風與智慧；聖杯對應水與情感。

　　此外，各花色分別由描繪了侍者、騎士、王后、國王的宮廷牌（人物牌），以及一（Ace）至十的數字牌所構成。宮廷牌的特徵是代表牌意與人物的契合度及其形象；數字牌則以代表「起始」的一最強，其餘數字則各自擁有不同日常生活中的意義。

　　小阿爾克那的張數眾多，也存在構圖或意義上容易混淆的牌。因此在撰寫 MY KEYWORD 時，事先將專屬於自己的分辨方式記錄下來，就會更加方便。

權杖（棍棒）
WAND

代表生命力、熱情等本能力量

所謂的權杖指的就是棍棒，據說是人類第一種使用的工具。

這種原始的木棒也用來作為武器、生火工具或是房屋的建材，可說是支撐人類文明「起源」的重要物品之一。

因此權杖對應著火元素，連結著生命力及爭鬥心。渴望「獲得」、「獲勝」的想法（動機）皆屬於權杖牌的領域。

正位
展開新的挑戰
新戀情／沉迷／懷孕與生產／幹勁十足／誕生／靈光一現／可以成為夥伴／更加展現熱情／積極正向／開始／充滿活力地活動／順應直覺／邂逅／旅行／氣勢

[KEYWORD: **生命力**]

逆位
一項挑戰結束
解除關係／抽身／精神衰弱／每況愈下／事物回歸原點／延期／因惰性而停擺／無精打采／被扯後腿／清算／士氣低落／離職／破產

ACE of WANDS
權杖一

MY KEYWORD

正位
達到目標而充滿自信
獲得意中人／終點就在眼前／實績獲得認同／自信滿滿／感覺得到未來性的人／進步／喪失信心而轉換跑道／萌生新的野心／高度上進心

[KEYWORD: **達到**]

逆位
快要失去達成的事物
關係不順利／焦躁／控制欲／看不起／步調不一致／預期之外的突發事件／感覺受到背叛／杜撰的計畫／疏於自我管理／應該準備好備案

TWO of WANDS
權杖二

MY KEYWORD

LUA的塔羅牌獨見 教皇 兩旁的人是負責扛神轎的工作人員，前面或許還有另外兩個人幫忙。

正位
窺探挑戰的機會
論及婚嫁的戀情／有一線希望／好消息／新緣分／商務機會／擴大事業／獲得長久期望的事物／大幅發展的氣息／積極進取的人／為旅行作準備

[KEYWORD: **摸索**]

逆位
期待在閃躲的情況下告終
對方不把你當作對象／以單戀結束的戀情／沒有回應／錯過時機／利益減少／關係每況愈下／空有期待卻不採取行動的人／出發得晚／延期

THREE of WANDS
權杖三

MY KEYWORD

正位
由衷的喜悅
新的戀情／結婚典禮／在一起能感到安心的人／放下肩上的重擔／告一段落／興高采烈／休長假／家人團聚／祝福他人的幸福／參加活動或派對／放鬆

[KEYWORD: **歡喜**]

逆位
現有的喜悅
墨守成規／爭風吃醋／安於現狀／喪失進取精神／工作偷工減料／無法公私分明／忘記感恩／受到期待而驕傲自滿／情緒起伏大的人

FOUR of WANDS
權杖四

MY KEYWORD

正位
一邊切磋琢磨一邊奮鬥
與情敵競爭／橫刀奪愛／打開天窗說亮話／愈吵感情愈好／分出勝負／參加比賽或甄選會／有益的辯論／競爭／反骨精神／吵鬧嘈雜

[KEYWORD: **取勝**]

逆位
擊潰對手
複雜混亂的爭執／暴力的伴侶／被害妄想／想做什麼就做什麼／乖戾的人／陷入膠著狀態／內鬨／為求勝利不擇手段／不肯輕易死心

FIVE of WANDS
權杖五

MY KEYWORD

正位 受到極力讚美而感到自豪

表白成功／獲得稱讚，受到矚目／團隊的勝利／活躍受到認同／晉升／想向人自誇的心情／新成員加入／抱持自信處理事務／坦率地接受稱讚／驕傲

[KEYWORD: **稱讚**]

逆位 對於不合理的結果感到不滿

誤以為被對方喜歡上／愛情的熱度冷卻／留下不協調感的勝利／只有形式上的晉升／受到嫉妒／沒人跟隨／自我意識過剩／空有氣勢的人／沉浸在優越感中而失敗

SIX of WANDS
權杖六

MY KEYWORD

正位 基於有利的立場而取勝

猛烈地接近／粉身碎骨的決心／掌握主導權／強力的贊助商／強勢的應對為佳／不認輸的心情／獲得充裕的資金／有勝算的挑戰／明確地獲得 YES 或 NO 的回應

[KEYWORD: **奮鬥**]

逆位 在不利的狀況下面臨苦戰

情敵／無法下定決心而失戀／敗戰／遭遇妨礙或干涉／優勢被奪走／喪失戰意／無法表露真心／弱勢／不擅長應付強勢的人／心生膽怯而落敗／內心糾葛而無法使出全力

SEVEN of WANDS
權杖七

MY KEYWORD

正位 以令人眼花撩亂的速度前進

熱情地追求／展開出乎意料的戀愛／順利進展／一切流暢地推動／訂單、投資或股票成功／相信運勢而前進／積極正向思考的人／一帆風順／倉促

[KEYWORD: **急速發展**]

逆位 在意想不到的地方停滯不前

受到束縛／嫉妒／因武斷犯錯而起爭執／不帶期望而改變心意／感到不滿的狀況延續／陷入僵局／預定計畫突然變更／計畫遭受挫折／被放鴿子／失去熱情

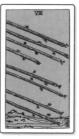

EIGHT of WANDS
權杖八

MY KEYWORD

LUA的塔羅牌獨見　**戀人** 可說是十分符合「戀愛是盲目的」這句話的美好狀態。這樣真的是幸福嗎？

正位

準備臨機應變

在意中人面前感到緊張／提防競爭對手／有備無患／小心謹慎的人／迎擊體制／設想各種事態採取行動／仔細地預作準備／以經驗為糧食／感覺到壓力

[KEYWORD: 準備]

逆位

因為驕傲而遭受沉痛打擊

自以為「對方也喜歡自己」／準備不足／過於自我中心／毫無根據的自信／駭客／沒有從過去的經驗中學習／不靠別人／意料之外的突發事件／切勿大意

NINE of WANDS

權杖九

正位

因自己選擇的重擔而竭盡全力

為了避免被討厭而逞強／因義務感而持續的戀愛／需要照顧的人／過勞／勞碌命的人／苦戰／心情鬱悶／獨自扛起／備受期待而感到壓力／看護／育兒

[KEYWORD: 沉重的壓力]

逆位

放下逼迫自己的事物

拋棄情人逃跑／分手／遭到責備／有著麻煩的人／態度驟變地認為自己沒錯／互相推卸責任／受到牽連／半途棄權／姑息自己／持續失敗而遭受挫折

TEN of WANDS

權杖十

正位

確信未來而燃燒熱情

愉快的戀愛／老少戀／熱衷到看不見周遭的程度／幹勁十足／機會降臨／學會技能／外國事業／由衷享受交談／有精力的／接到聯絡／單純

[KEYWORD: 傳令]

逆位

沾沾自喜地說大話

隱瞞的事被揭穿／單方面地強加自己的心情／心神不定／為反對而反對的行為／欠缺深思熟慮／幼稚的言行舉止／虛榮心／想引人注目的人物

PAGE of WANDS

權杖侍者

正位 朝著新天地出發

熱情地追求／肉食系的人／不可思議的機緣／興奮期待／積極主動／跳槽或調動／遇見具影響力的人物／東奔西跑／改變想法／開始／與其考慮不如採取行動

[KEYWORD: **出發**]

逆位 追不上的內心變化

經常吵架的情侶／利己主義者／引發麻煩的預感／氣勢洶洶／落於人後／趕不上／誇張的言行舉止／麻煩製造者／因驚慌而失敗／迷失自我／興奮過度

KNIGHT of WANDS
權杖騎士

正位 周遭的任何人都會受到吸引

令身心灼傷般的愛／性感的人／貞操／凝聚人望／能維持原本的自己／找出這麼做的價值／不想撒嬌的心情／受到周遭提拔／有年長風範／可以理解別人的心情

[KEYWORD: **魅力**]

逆位 強硬態度會造成誤解

互相依存的關係／強烈嫉妒／轉嫁責任／任性的舉止／認為自己很強／無法受矚目而不滿／嘮叨多話的人／粗野的人／多管閒事／魅力不足／對周遭擺架子

QUEEN of WANDS
權杖王后

正位 以信念達成事情

令人由衷感到愉快的戀情／與外表不符，害羞的人／獲得成為自身支柱的事物／積極樂觀的人／發揮領導能力／被要求表現出不會動搖的言行舉止／顧問／開拓新事業／獨立

[KEYWORD: **果敢**]

逆位 強硬地掌控事物

勉強的關係／一夜情／暴力／將風險置身度外的決定／欠缺關心的態度／脾氣暴躁的人／奧客／以立場或權力打壓／被小心翼翼地對待／小氣／性急

KING of WANDS
權杖國王

錢幣（金幣）
PENTACLE

意謂著物質或各種豐饒

　　所謂的錢幣就是金幣。對應的是地元素，司掌人類生活所需的各種物質。換言之，就是金錢、房屋及健康等。透過使用金幣，可獲得物品、推動人們，讓單靠一人做不到的事化為可能，因此也帶有豐饒的意義。

　　此外，錢幣所意謂的豐饒不僅限於物質，也代表著地位、頭銜、穩定或技術等無形的事物。

正位 發揮力量獲得豐饒
想法開花結果／穩定地培育愛情／獲得滿足的婚姻／喜獲麟兒／自己的房子／實行計畫／有臨時收入／有穩定的工作／能幹的人／讓點子具體成形／獲得有益的資訊／建設性

[KEYWORD: **實力**]

逆位 以利益為優先，使努力化為泡影
順應情勢發展的戀情／失業／放棄地位或頭銜／沒有回饋／對財務上感到不安／沒有將來的願景／拜金主義／想法天真而損失慘重／低俗的人／浪費才華或錢財／支付

ACE of PENTACLES
錢幣一

MY KEYWORD

正位 掌握狀況而採取正確行動
讓對方感到開心／令人興奮的戀情／變化豐富的兩人／能夠同時處理好幾件事／輕鬆／服務業／自由業者／專注而沒有雜念／遊玩／遊戲／臨機應變／受歡迎職業

[KEYWORD: **柔軟度**]

逆位 無法應對狀況而吃盡苦頭
不知道會發生什麼事的戀情／隨便的交往／笑點不同／條件不合的對象／肩負／厭倦／應對隨便／工作態度差，會遲到或打瞌睡的人／忙不過來／無業

TWO of PENTACLES
錢幣二

MY KEYWORD

正位

培養能力而獲得好評

認真交往／戰略性的接近／以結婚為前提交往／受到提拔／根據計畫進行／獲得評價／晉升或升級／堅持到底的強韌意志／追求完美／堅持／加入一流的夥伴／證照

[KEYWORD: **技術力**]

逆位

擁有的能力未獲得評價

抬不起頭來的關係／溝通困難／時機尚未成熟／引發錯誤的疏忽／愈發不滿／用功不足／不走運／放棄／沒抓到重點的應對／沒有認清立場／無知的人

THREE of PENTACLES

錢幣三

正位

以穩定的利益為優先

可望生活穩定的戀情／金龜婿／同居／執著於利益／害怕事物被搶奪／想保護重要的事物／有備無患／占有欲／擬定踏實的計畫／成功地與大人物建立交情

[KEYWORD: **占有欲**]

逆位

變得貪婪而迷失自我

奪去自由的戀情／挑剔／受到阻撓／支配欲望／利用他人的錢財／吝於出錢出力／唯利是圖的人／計策造成反效果／互扯後腿／被討厭的人／使財富發揮作用／損失

FOUR of PENTACLES

錢幣四

正位

因困難的狀況導致精神上的荒廢

妥協的愛情／冷淡的反應／財務上的煩惱／運氣不佳／認為「反正一定不行」的心態／下下籤／被託付棘手的工作／解僱／閉門羹／互舔傷口的關係／失去救命稻草／總是缺錢的人

[KEYWORD: **困難**]

逆位

由於救贖而取得希望

心意終於相通／瞬間的喜悅／在演變成分手前和好／重得希望／救贖之光開始灑落／坦率地發出求救訊號／解圍／擺脫困境／遇見指導者／互相幫助

FIVE of PENTACLES

錢幣五

提出善意者與接受者的關聯

奉獻的喜悅／送禮作戰／心意被對方接受／
分享豐饒／不求回報地服務／經營業務／獎
金／互相幫助的關係／仲介角色／親切獲得
回報

[KEYWORD: 關聯性]

支配者與受支配者的關聯

追求回報的愛情／假面夫妻／不對等的關係
／裝成好人／想受到感謝／強迫推銷恩惠／
努力以徒勞無功告終／黑心企業／以事物引
誘／偽善者／偏袒／取得有利地位

SIX of PENTACLES

錢幣六

改善問題，邁向下個階段

目睹理想與現實間的差異／思考將來／掌握
狀況／估價／審核／獲得報酬／檢討更好的
方法／尋找下一個目標／有上進心的人／過
勞／休息一下，重新擬定作戰計畫

[KEYWORD: 成長]

懷著不安並漫不經心地渡過

可有可無的戀情／彼此是「騎驢找馬」的關係
／逐漸衰退／沒有願景／偷工減料的工作／
僅有自我評價很高／自我感覺低落／淨是抱
怨不滿的人／賴帳／失望

SEVEN of PENTACLES

錢幣七

專心處理眼前的事情

拚上全部精力的愛情／勤快聯繫／笨拙卻耿
直的人／磨練自我／應該專注的時機／竭盡
全力／全神貫注／遇見良師／腳踏實地地努
力／預習及複習／重視堅持

[KEYWORD: 修行]

無法專注於眼前的事情上

喜歡上有情人的人／跟蹤狂／受到阻撓／雜
念過多／令人分心的環境／吝於展現才華或
技術／偷工減料／過了截止日／模仿他人／
壞習慣／過於纏人

EIGHT of PENTACLES

錢幣八

正位

受到提拔而成功

心意開花結果／受到追求／金龜婿／有地位的關係／意想不到的援助／通往更上一層樓的世界／融資／贊助商／一帆風順地出人頭地／萌生自信／特種行業／人望

[KEYWORD: **達成**]

逆位

以謊言或造假謀取成功

以財富或肉體為目標的關係／出軌／婚外情／壞傳聞擴散／討好他人／失去好感而失勢／試圖班門弄斧／厚顏無恥／金錢至上主義／使詐或舞弊／假面具被揭穿

NINE of PENTACLES
錢幣九

MY KEYWORD

正位

以繼承的事物維持穩定繁榮

開始同居／家族間的往來／喜獲麟兒／生活能力高的人／重視傳統文化／被提拔肩負重責大任／隊伍團結一致／大企業或行政機關／家族的繁榮／平凡百姓的幸福

[KEYWORD: **繼承**]

逆位

繼承的事物面臨極限

離開不了父母的伴侶／家庭問題影響到戀情／因為配額或繼承問題起爭執／被迫承擔重任／拘泥於家世／偏袒自己人／背負貸款／繼承糾紛／籌錢失敗

TEN of PENTACLES
錢幣十

MY KEYWORD

正位

花時間累積

謹慎發展的戀情／正直的對象／累積見面次數／努力的時候／提升技能的時候／應徵工作／探究心旺盛／想認真學習的事／朝著希望的出路前進／實習

[KEYWORD: **誠摯**]

逆位

淨是浪費時間

誤以為是戀愛／幼稚的對象／逃避現實／看不見周遭／徒勞無功／被報酬蒙蔽雙眼／空有理想卻毫無成果／避重就輕／放棄／經驗不足／空口說白話

PAGE of PENTACLES
錢幣侍者

MY KEYWORD

正位 貫徹始終

純情的情侶／應該鎖定一個目標／努力開花
結果／變得謹慎／天真無邪的人／受到信任
／責任感／取得證照／認真工作／比起速度
更重視品質／獨立／長年往來

[KEYWORD: **現實性**]

逆位 以維持現狀告終

過於晚熟而毫無進展的關係／不可靠的對象
／慢吞吞地進行／無法被放心交付任務／不
划算的工作／單一模式化／流於形式／半吊
子的努力／想追求輕鬆／原因在於不得要領

KNIGHT of PENTACLES
錢幣騎士

MY KEYWORD

正位 培育人者自己也得以成長

平穩而舒適的戀情／賢妻良母／延續到結婚
的關係／培植部下／為了某人煞費苦心／有
包容力的人／可靠的上司／困難時可互相幫
助的夥伴／高級名牌／內在的小孩

[KEYWORD: **寬容**]

逆位 姑息寵溺只會毀滅彼此

心意無法傳達出去／得不到回報的戀情／方
便的對象／有情人／長期建立的關係化為烏
有／忙不過來／經常做白工的職場／假裝忙
碌的人／愛慕虛榮／遲鈍／吝嗇鬼

QUEEN of PENTACLES
錢幣王后

MY KEYWORD

正位 試圖讓自己的力量派上用場

長久的往來／富裕的對象／有包容力的男性
／財運提升／有商業頭腦的人／為組織或世
界做出貢獻／幫上對方的忙／互利的關係／
被人需要

[KEYWORD: **貢獻**]

逆位 沒有善加活用自己的力量

因慣性而苟延的關係／話不投機的對象／希望
更受信賴／不諳世事／令人焦急／膽怯／未活
用知識或經驗／推銷／無法應用而派不上用場
／古板而遲鈍的人／放棄也是很重要的

KING of PENTACLES
錢幣國王

MY KEYWORD

寶劍
SWORD

理性、思考與溝通的象徵

寶劍是以金屬加工製成，因人類的發明而誕生的物品。因此司掌著智慧、靈感，對應的元素為風。

人類又進一步將刀劍利刃加工成更多物品，但劍終究是能傷害、奪去他人性命的工具。出於智慧的詞彙或策略，同樣也可能因為使用方式不同，而化為傷人的刀刃，這個花色同樣也在勸誡著人們這一點。

正位 開闢以達成目標
跨越困難而結合／冷酷的戀愛／下定決心／面對勝負／因機智而突破危機／揭發不法行為／合乎邏輯的／聰明的人／讓心煥然一新／客觀性／善惡基準

> KEYWORD: 開拓

逆位 強硬態度招致毀滅
無視於對方心情／試圖試探周遭而失敗／粗野而暴力的人／濫用職權／使詭計／打算強硬推行／破壞衝動／變成加害者／不擇手段的強硬態度

ACE of SWORDS
寶劍一

MY KEYWORD

正位 以平靜的心保持和諧
萌生戀慕之情／與比自己年輕的人往來／知性的對談／平衡感／問題逐漸解決／和平的職場／等候對方的態度／總是很溫柔的人／接受其他人的價值觀

> KEYWORD: 糾葛

逆位 只想敷衍了事而走投無路
裝作不感興趣而被討厭／幼稚的愛情表現／假裝成熟／結婚詐欺／不正視自己的情感／壓抑／靠口才或手腕／巧言令色／疏遠他人的態度／有人對自己說謊／背叛

TWO of SWORDS
寶劍二

MY KEYWORD

正位

接受事物的核心

陷入僵局而失敗／發現出軌或三角關係／以疼痛為糧食／烏雲籠罩／受到打擊的事件／失敗／不錄用／機械式的作業／言詞不當／應該正視現實／成長的時刻／心理創傷

[KEYWORD: **疼痛**]

逆位

拒絕真相而掙扎痛苦

害怕失戀／不想承認結束／強烈嫉妒的人／認為自己「遭到背叛」的情感／惡劣的職場／無法放棄的工作／無法整理內心／被害妄想／排斥反應／責備自己

THREE of SWORDS
寶劍三

正位

安靜休息調整態勢

正在調解／現在應該保持距離／獨處的時間／重新擺好架勢／暫時擱置／休假／能給予冷靜建議的人／離開問題／懷念回憶／按摩等療癒行為／掃墓

[KEYWORD: **恢復**]

逆位

做好準備再次啟動

展開一段新的關係／發現自己真正喜歡的人／進入對方的私人領域／恢復／休假結束／復職／心癢難耐地想展開行動／原本擱置的案子開始啟動／切換為新體制

FOUR of SWORDS
寶劍四

正位

不擇手段強取豪奪

愛上別人的對象／橫刀奪愛／對待伴侶的態度隨便／顧不了那麼多／非法的作戰方式／派系鬥爭／利己的人／使詭計／不能大意的關係／把他人作為踏板／勝之不武／小偷

[KEYWORD: **混亂**]

逆位

重要的事物被奪走

被情人戴綠帽／察覺遭到欺騙／敗戰／敗北感／被某人惡意介入／落入陷阱／功勞被搶／職權騷擾或找碴／被當作弱勢欺侮／粗心大意／忍氣吞聲

FIVE of SWORDS
寶劍五

正位

脫離困難的狀況

新戀情的開始／私奔／有人伸出援手／遠離麻煩／事物上了軌道／新計畫／出差或調職／搬遷／三十六計走為上策／在旅行中遇見的人／返鄉／有人前來迎接

[KEYWORD: **中途**]

逆位

返回從前的困境

連續劇／泥沼般的關係／四處碰壁／強烈後悔／想要拋棄一切的想法／需要重新審視計畫／受到連累／靠不住的人／逃不掉／應該做好心理準備迎戰

SIX of SWORDS
寶劍六

MY KEYWORD

正位

偷偷摸摸地在暗地裡策劃

出軌或外遇／雙面人／被刺探祕密／詭計正在暗中進行／不法盛行／做壞事的自覺／好處被搶／間諜行為／連夜逃跑／一時衝動

[KEYWORD: **背叛**]

逆位

察覺危險並做好萬全準備

意料之外的美好戀情／超乎預期的對象／千鈞一髮之際迴避危險／防範麻煩於未然／聽從建議為佳／商量煩惱／收集情報派上用場／內心的悶氣消除

SEVEN of SWORDS
寶劍七

MY KEYWORD

正位

在痛苦的狀況下等待救援

沉醉於悲劇或妄想中／都是對方害的／互相束縛的關係／受拘束的環境／過度干涉／規矩很多的職場／管理過嚴／監視／被害妄想嚴重的人／狹窄的地點／誹謗中傷

[KEYWORD: **忍耐**]

逆位

在沒有後援的狀況下胡鬧

意氣用事地不願分手／互相傷害的關係／並非本意的狀況／不滿快要爆發／傷害對方的發言／愈發焦躁／將自己的行為合理化／不道歉的人／過於在意他人目光

EIGHT of SWORDS
寶劍八

MY KEYWORD

LUA的塔羅牌獨見　正義　彷彿剪髮模特兒。長袍看起來就像剪髮時會披上的披肩。

正位

無法挽回的絕望

瀕臨陷入僵局而失敗／不想失去的對象／強烈後悔／因為悲傷而夜不成眠／緊張／反芻過去的失敗／自我否定／眼界狹隘而看不見周遭／神經衰弱

[KEYWORD: **苦悶**]

逆位

不想面對糟糕的狀況

歸咎於他人／對問題視而不見／幻想有人正在妨礙自己／自怨自艾／不承認錯誤／因反被怨恨而失控／被流言耍著玩／為了自衛而攻擊人

NINE of SWORDS

寶劍九

正位

接受一切後決定前進

透過戀愛醒悟／接受對方的一切／脫離最糟的狀態／內心的迷霧消散／接受自己的缺點／真心受到了考驗／從頭開始的機會／精神上的成長

[KEYWORD: **岔路**]

逆位

只往對自己好的方向看

沉浸於悲劇收場的戀愛中／運氣差就逃跑／只接受對自己方便的現實／重蹈覆轍／臨場湊合的應對／客套話／抱怨／陶醉於自怨自艾中／並未從根本上解決

TEN of SWORDS

寶劍十

MY KEYWORD

正位

看清狀況而小心謹慎

享受戀愛的策略／想了解彼此的階段／保密的戀情／暴風雨前的寧靜／精於鑽研的人／交涉事情／工作時毫不猶豫地下結論／知道對方的弱點／有緊張感的氛圍／神經過敏

[KEYWORD: **警戒**]

逆位

防備顯得有些不嚴謹

冷靜而欠缺氣氛／似乎有所隱瞞／不能公諸於世的戀情／有漏洞的計畫／暗中動手腳被發現／引發錯誤的疏忽／大意會喪命／禍從口出／猜忌／失言／不受信任

PAGE of SWORDS

寶劍侍者

MY KEYWORD

正位

條理分明地下定決心前進

引領情人／在速度上獲勝／重視效率／菁英
／有先見之明的人／節奏明快的對話／辯論
／被要求迅速判斷／分析能力／冷靜應對／
神出鬼沒

> KEYWORD: **果敢**

逆位

招致無謂的爭端

盲目的戀愛／欠缺細膩度的對象／做著毫無
成果的努力／焦急而導致出錯／器量狹小／
單方面的主張／過於好戰／自戀的人／強詞
奪理的人／武斷犯錯而失敗

KNIGHT of SWORDS
寶劍騎士

MY KEYWORD

正位

正確的言行舉止令人敬佩

令異性無法接近／知性魅力提升／離婚／正
視現實／壓低成本／不隨波逐流的強悍／連
難以啟齒的事都能說出口的關係／表達意志
／難以親近的氛圍

> KEYWORD: **正確**

逆位

為了自我防衛的武裝

關係降溫／驕傲自大的態度／懷疑出軌／歇
斯底里／防衛過度／只會傷人的批評／薄情
寡義的人／不可愛的人／不會誇獎人的上司
／對於自己與他人都過於嚴厲／辛辣

QUEEN of SWORDS
寶劍王后

MY KEYWORD

正位

以客觀的分析作判斷

建立平等的關係／兩人都在工作／下決定的
時候／能幹的商人／好的商量對象／冷靜而
聰明的人／撲克臉／找出好的解決方案／雖
然嚴厲卻有益的話語／公正

> KEYWORD: **嚴格**

逆位

獨裁地守護威嚴

自私的情人／沒有戀愛的關係／認為「只有
自己才是正確的」／搶了部下的功勞／偏見
／欠缺情感的舉止／自作多情招致麻煩／不
夠體貼／擅自作結

KING of SWORDS
寶劍國王

MY KEYWORD

LUA的塔羅牌獨見 吊人 從姿勢及狀況看起來，就像是從天花板倒吊著作空中瑜伽似的。

聖杯
CUP

顯示如流水般的愛與情感

　　所謂的聖杯，是在向神獻祭的儀式或婚禮中會使用的物品。另一層意義則是作為承接或遞出情感或祈禱等無形事物的容器。

　　基於這點，聖杯對應水元素，是司掌情感或情緒的花色。

　　從無論在何處都能自由地改變姿態，孕育生命的水之形象，到心臟機能、感受性及內心印象等肉眼看不見的事物，都屬於聖杯的世界。

正位
充滿愛與希望
新戀情的預感／實際有被愛的感覺／著迷的對象／活用人脈／像家一樣的職場／財源／獲得部下或上司／豐富的情感表現／與某人心靈相繫／情操教育／實現心願

[KEYWORD: **愛的力量**]

逆位
因失落感而感到空虛
單戀告終／理應是幸福的卻無法滿足／戀情冷卻／單是自己的事就忙得不可開交／希望別人讓自己靜一靜／內心空洞／回歸原點／沒有價值的工作／茫然自失／好意反而徒增麻煩

ACE of CUPS
聖杯一

MY KEYWORD

正位
建立良好的信賴關係
萌生愛意／相親相愛的兩人／登記入籍／共享願景／交涉成立／可信任的人／締結契約／和好／推心置腹地交談／同性間的友誼／超越性別的羈絆／互相幫助／允許

[KEYWORD: **互相理解**]

逆位
內心頑固地緊閉
從盤算開始的戀愛／虛有其表的戀情／無性／假結婚／意見不合／留下不滿的決定／合不來的人／封閉內心／無論如何都無法原諒／聯絡出錯／解除婚約

TWO of CUPS
聖杯二

MY KEYWORD

正位 與夥伴共同慶祝喜悅

聯誼活動／明朗愉快的關係／團隊合作／企畫案成功／慶祝的氣氛／慶功宴／開朗爽快的人／共享喜悅／談笑／內心的悶氣消除／酒友

[KEYWORD: **共鳴**]

逆位 沉浸於怠惰的快樂中

快熱快冷的戀情／於心有愧的關係／悔婚／空歡喜／串通一氣／沒有結論的會議／重做／不感興趣的人／遊手好閒的人／過於放蕩而後悔／不養生／成人病／裝作感情要好

THREE of CUPS
聖杯三

MY KEYWORD

正位 心懷不滿而悶悶不樂

無法接受目前的關係／倦怠期／微妙的結果／甘於忍受有所不滿的環境／愛抱怨的人／陷入負面思考／替自己找藉口／維持現況／無聊且難以忍受的情況／正在思考

[KEYWORD: **倦怠**]

逆位 找出解決不滿的方案

朝著新戀情展開行動／事物因猶豫而告終／走上不同的道路／提出異動或調職／辭職／著手新案件／決心做某件事／開朗的意見／邁向下一階段／憑靈感行動

FOUR of CUPS
聖杯四

MY KEYWORD

正位 因失去的悲傷而置身於後悔中

失戀／分手後才意識到重要性／因為悲傷而無法思考任何事／重大損失／受到連累／眼界狹隘的人／希望時間倒流／自我嫌惡／依戀不捨／後悔莫及／情緒不穩

[KEYWORD: **喪失**]

逆位 面對全新局勢重振旗鼓

從失戀中振作／與過去告別／重新來過／重振旗鼓／動力高昂／彼此激勵／市場調查／組織或企畫重整／展現諸多可能性的人／下定決心／振奮

FIVE of CUPS
聖杯五

MY KEYWORD

正位
內心充滿懷念之情
初戀／酸酸甜甜的戀愛情況／舊情人／前同事／前公司／過去的經驗成為提示／回到原點／天真爛漫的人／傷感的／返回赤子之心／同學會／年幼的記憶／故鄉

[KEYWORD: 內心淨化]

逆位
無法捨棄過去的記憶
沒有察覺新的邂逅／忘不了舊情人／互相依存的關係／緊抓著過往的榮耀／變得感傷／互舔傷口／封閉的環境／美化回憶／該放下過去向前邁進的時候

SIX of CUPS
聖杯六

MY KEYWORD

正位
沉迷而迷失於夢境中
戲劇般的戀情／見異思遷的愛情／只看表面／受到妄想束縛／想擴展範圍卻失敗／貪婪／紙上談兵／花言巧語／隨心所欲地選擇／糾葛

[KEYWORD: 夢境]

逆位
為了實現夢想而下決定
從妄想的戀愛觀中醒來／明白對方的本性／冷靜下來／思考實現可能性高的計畫／減少選項／著手行動／斬斷迷惘／決定優先順序／作決定的時候

SEVEN of CUPS
聖杯七

MY KEYWORD

正位
明白終結，再次啟程
下定決心分手／放棄單戀／斬斷依戀／過了巔峰的狀態／停損／貶職／死心／斷絕聯絡／變得疏遠／抽身離去／出發旅行／引退

[KEYWORD: 轉變]

逆位
再次向同一主題挑戰
重新迷上對方／分手被挽留／再次挑戰原本一度放棄的事情／抱著即使失敗也無妨的態度交涉／回收再利用／發現全新價值／從過去的經驗中找出可學習的事／重逢／回顧

EIGHT of CUPS
聖杯八

MY KEYWORD

正位 一償宿願，內心感到滿足

愛情長跑開花結果／充實的戀愛／獲得令人滿足的利益或報酬／得到期望的環境／財務、精神上游刃有餘的人／高傲的人／坦率地感到高興／八分飽／知足

KEYWORD: 願望

逆位 受欲望支配而判斷錯誤

只有肉體關係／扭曲的愛情／自吹自擂／因為欲望而失去理智／得意忘形／深不見底的欲望／以利益為首的經營方式／任性的人／高高在上／沉溺於奢侈／負債或借貸

NINE of CUPS
聖杯九

正位 從平穩的每一天感覺到幸福

心靈相通／家人增加／結婚生活／品味幸福／獲得確實的職位／精神充實／能夠去愛周遭的人／關係和樂融融／和平／理想的家庭／成就感

KEYWORD: 幸福

逆位 因無趣的每一天感到愈發不滿

追求理想的戀愛／視周遭一切為理所當然／忘記對對方的感謝／進取心低落／例行業務／無論被怎麼對待都不開心／無趣的人／愛慕虛榮／曖昧含糊的幸福

TEN of CUPS
聖杯十

正位 接受一切而悠然自得的心

浪漫而甜美的戀情／發展成肉體關係／被人表白／視內心情況而定，不可能也能化為可能／個性／別出心裁／具創造性的工作／共享祕密／端莊秀麗的人／體察對方想法

KEYWORD: 接納

逆位 容易受到誘惑的軟弱內心

妄想延伸的愛情／彼此都不成熟的情侶／在感情上不可靠的人／互相依賴／無法專注工作／任性的工作態度／無能的部下／被花言巧語欺騙／說謊／誘惑／無法成長的關係

PAGE of CUPS
聖杯侍者

LUA的塔羅牌獨見　節制　紅色翅膀令人聯想到鳥。此外，天使腳邊的石頭看起來就像帶骨雞肉。

正位

達成理想的喜悅

被求婚／羅曼史的預感／花花公子／接到令人高興的通知／大大提拔／出人頭地／深思熟慮的言行舉止／內心溫柔的人／心情爽快／精神充實／細膩／接受邀請

[KEYWORD: **理想**]

逆位

面對現實的悲哀

從一開始就看得見結局的戀情／遭人玩弄／令人作嘔的臺詞／不履行契約／面對預定之外的工作／跟聽說的事不一樣／講話前後矛盾／應變能力不佳的人／為了獲得感激而施恩於人／不滿足

KNIGHT of CUPS
聖杯騎士

MY KEYWORD

正位

接納並看穿本質

得到摯愛之人／再次確認愛情／理解對方／貼近內心／柔軟的應對／為組織或公司奉獻／溫暖的職場／溫柔的上司／具母性的人／自省／品德／陷入沉思

[KEYWORD: **慈愛**]

逆位

接納並沉浸於同情中

沒有愛情的婚姻／隨波逐流／多情的人／優柔寡斷／想辭職卻沒實行的人／沒個性而容易遭埋沒／筋疲力竭的關係／請安問候／人很好／舉棋不定的態度／依賴或串通一氣

QUEEN of CUPS
聖杯王后

MY KEYWORD

正位

從容不迫地完成事情

視為家人般疼愛／有安心感的關係／順從內心的聲音／體貼的上司／合乎期望的待遇／守護部下成長／品味或喜好合得來的人／敦厚的男性／藝術家／悠閒有餘的態度

[KEYWORD: **寬大**]

逆位

遭到玩弄而失去自我

無法信任情人／被劈腿／形跡可疑的男性／賄賂／逃漏稅／企圖哭訴／被公司剝削／反覆無常的上司／刻薄的話語／沒有一貫性的人／姑息自己與他人

KING of CUPS
聖杯國王

MY KEYWORD

何不試著更隨心所欲地
享受塔羅牌的樂趣呢？

　　對您而言，塔羅牌是怎樣的存在呢？雖然想徹底融會貫通，卻感到很困難？不管過了多久，都無法擺脫按照文本解析的習慣嗎？應該有許多人都抱持著「我想將塔羅牌掌握得更純熟」、「要是能進一步解讀更多事就好了……」的願望吧。

　　希望能讓這樣想的您縮短與塔羅牌之間的距離。希望您能跟塔羅牌成為朋友，占卜各式各樣的事情、在煩惱時獲得提示或生活指南──本書正是出於這樣的心願應運而生。

　　藉由實踐一天四頁，滿載學習塔羅牌的訣竅及提示的課程內容，想必就能對每一張牌有更深一層的理解，並提升解析能力。

　　您所需要的物品只有一枝筆、一副塔羅牌，以及對塔羅牌的愛。每面對一天的課程，想必都能為您帶來「只要這樣思考就行了！」的發現與覺察。

　　相信在四週後，您就會擁有足以媲美專業塔羅牌占卜師的解析技能囉！

何謂大阿爾克那？

何謂小阿爾克那？

The 1st Week
注視每一張牌，以熟悉塔羅牌

LUA的塔羅牌獨見　高塔　彷彿從清水舞臺往下跳的瞬間。是懷著相當程度決心所做的挑戰。

邊享受樂趣邊嘗試，
在四週內提升等級

　　本書收錄了各式各樣幫助各位熟稔、理解塔羅牌，並提升實踐能力的填充式課程。一週七天份，四週共有二十八天份的課程。第一週為初級篇，然後隨著每週進行，一點一點地提升難度，因此請務必從 Day 1 開始挑戰。

　　理想情況下是每天執行一項課程，不過用不著勉強也無妨。相信每個人都會有忙碌或提不起勁的時候，這時就算休息也沒關係，只要不半途而廢，將四週份的課程執行到底作為目標即可。努力必定會開花結果，讓各位掌握能臨機應變地解讀任何一張牌的「塔羅牌力」。

The 1st Week
注視每一張牌，以熟悉塔羅牌

塔羅牌的提示為圖案。為了能隨心所欲地詮釋，避免受到文本的關鍵字束縛，首先要掌握拓展意象的方法。

The 2nd Week
深入解讀牌陣

本週將解說使用展開複數塔羅牌的牌陣占卜時，特別著眼的重點，藉此提升解析的應用能力。

The 3rd Week
迴避解析時的障礙

雖然嘗試了占卜，卻總是摸不著頭緒，只能得到模稜兩可的答案——藉此克服這類常見的障礙吧。

The 4th Week
以自己的風格解析

本週課程將以能得心應手地解析為目標，藉由讓日常生活與塔羅牌相結合，讓您學會以自己的風格解讀。

今天 抽到的牌

所謂的「單張牌」就是向塔羅牌拋出一個問題後所抽出的一張牌。在一天的課程結束後，試著挑戰看看吧。只要養成習慣，每當日常生活中不經意地浮現任何疑問時就抽張牌，這麼一來在正式解析牌義時，也能夠確實地解讀。

展開填充式課程吧

一天份的課程內容為四頁，每七天將一個主題融會貫通。即使無法每天持續執行，也請在喜歡的時間、有空的時候嘗試看看。最重要的是持之以恆。

❶ 本日目標
此處會解說今天準備了何種主題的課程，藉由實踐，而能提升何種能力。

❷ 問題
每天會準備一到兩題的練習。不需要想得太難，請以輕鬆的心情面對。建議手邊有塔羅牌的人，一邊看著實物一邊練習。

❸ 範例
此處為回答範例。作為告訴各位「可以這樣寫」的提示。

❹ Point
不知道該如何作答時，可以作為參考的提示。

❺ LUA 的解說
進一步詳細解說課程內容，並說明換作是筆者會如何解讀問題，以及重點為何。

❻ 今天抽到的牌
請寫下當天的單張牌解讀內容，無論占卜何種主題都OK。建議選擇能馬上得到結果、簡單好懂的問題，比如說「如果出門會下雨嗎？」，或是以占卜「今天的運勢如何？」來代替日記也不錯。

❼ 年、月、日、星期
寫下占卜日期，對於日後回顧時很有幫助。

❽ 占卜主題
寫下提出的問題。

❾ 大阿爾克那、小阿爾克那
大阿爾克那的牌名可直接寫下；小阿爾克那則是圈選W（權杖）／P（錢幣）／S（寶劍）／C（聖杯），再寫下數字。另外也可將正（正位）、逆（逆位）的結果圈選記錄下來。

❿ 第一印象
請寫下看到牌面時，下意識浮現腦海的關鍵字。

⓫ 解釋
請對照問題內容，以自己的風格寫下對塔羅牌的解釋。

⓬ 結果如何？
在得出結果之後，將結果寫下來。您對於自己的解析滿意度有多少呢？最高為五分，請依評價替☆上色。

The 1st Week

注視每一張牌，
以熟悉塔羅牌

提升塔羅牌能力的第一步，就是熟悉塔羅牌。
隨心所欲地拓展每一張牌的意象，
與塔羅牌友好相處吧。

一旦將本週課程融會貫通……

☑ 將懂得如何辨別塔羅牌

☑ 將掌握解讀小阿爾克那的基礎

☑ 將提升塔羅牌占卜所需的基礎體力

本週的學習內容

拋開成見，
掌握想像的能力

第一週的課程目標為拋開所謂「非得這樣解讀不可」的成見。

或許有很多人會擔心自己能不能將多達78張的塔羅牌運用自如，能否記住規則或每一張牌的牌義。

不過別擔心，提升塔羅牌能力所需要的並非死記，而是認識塔羅牌，並培養想像的能力。首先請排除困難的部分，從凝視牌面開始吧。這麼一來，應該就能切身感受到解讀的幅度出乎意料的寬廣。

此外，本週也包括了如何親近大、小阿爾克那的課程，請在這一週內掌握解讀塔羅牌的基本能力吧。

第一週行程表

LUA的塔羅牌獨見 月亮　螯蝦似乎很開心地舉起雙手比著「耶」。充滿了毫無根據的自信。

Day 1

從圖案
自由拓展想像

如果能將塔羅牌轉成影像、取暱稱，
就能更容易理解

第一天的課程內容是拓展牌面圖案的意象，以及替塔羅牌取暱稱。請各位仔細地花些時間凝視每一張牌，培養基礎「解讀塔羅牌的眼力」吧。

該怎麼做才能與塔羅牌熟稔起來呢？那就是積極地凝視著牌。在占卜時，如果連牌面都不看，只一味地尋找著文本中的關鍵字是不行的。正是因為靠自己從圖案中找出其涵義，才能縮短與塔羅牌之間的距離，並提升解析能力。

如果要跟塔羅牌變得親密，建議試著想像牌上所繪製的景象如影像般動起來的模樣。「這個人有著怎樣的個性，正在思考什麼事情呢」、「接下來會發生什麼事呢」，只要這樣想像，就更容易從圖案中獲得靈感。

此外，如果像面對朋友一樣替塔羅牌取個暱稱，在解析時也能派上用場。正因為是感覺不擅長相處的牌，才需要一張張好好面對，並替它取個適合的暱稱。這麼一來，塔羅牌就會一口氣變得惹人憐愛，而變得容易解讀。

請試著用以下三個模式思考暱稱：①以跟塔羅牌相似的人物、物品、事件命名；②每當出現這張牌時，常會發生○○的事情，所以取名為○○牌——像這樣以占卜結果命名；③以自己的方式替牌義換句話說來命名。這一招特別適合用來熟悉沒有名稱的小阿爾克那。

Q1 請您試著想像牌面上的人物如影像般動起來會如何。

請圈選與這名女性的形象相近的詞彙。

正義

· 年紀（年少／壯年／老年）

· 經濟狀況（貧窮／普通／富裕）

· 性格（溫柔／嚴厲／難以判斷）

· 請圈選認為符合形象的詞彙。

可愛／帥氣／正經／鬆懈／不起眼／勇敢／
冷靜／易怒／潔癖／美麗／醜陋／熱情／開
朗／遵守約定／毀約／豪爽／保守／追星族
／有趣／不能開玩笑／陰沉／

其他形象：

請試著想像牌面上的男性處於何種狀態。

權杖七

· 這個人現在的狀態是（好／壞）。

這個人正在思考的事情：

這個人接下來：

 例

正義

· 年紀
（年少／⟨壯年⟩／老年）

· 經濟狀況
（貧窮／⟨普通⟩／富裕）

· 性格
（溫柔／⟨嚴厲⟩／難以判斷）

· 請圈選符合形象的詞彙。

可愛／⟨帥氣⟩／⟨正經⟩／
鬆懈／不起眼／⟨勇敢⟩
／⟨冷靜⟩／易怒／潔癖
／美麗／醜陋／熱情
／開朗／⟨遵守約定⟩／
毀約／豪爽／保守／
追星族／有趣／⟨不能⟩
⟨開玩笑⟩／陰沉／其他
形象：平時不會化妝

權杖七

· 這個人現在的狀態是
⟨好⟩／壞）。

這個人正在思考的事
情：
　我得快點設法
　做些什麼！

這個人接下來：
　似乎會像撐竿跳
　那樣奮力一躍。

Q2 如果要替塔羅牌取暱稱，請問您會怎麼取？

請以自己的風格替下列四張牌取暱稱。

權杖八

（　　　　　　　　　　　　　　　）牌

原因：

 例

權杖八

（　　順暢　　）牌

原因：
因為只要出現這張
牌，交通上就會暢
行無阻，能順利抵
達目的地。

愚者

（　　　　　　　　　　　　　　　）牌

原因：

錢幣九

（　　　　　　　　　　　　　　　）牌

原因：

寶劍六

（　　　　　　　　　　　　　　　）牌

原因：

Point

**選擇對自己來說容易
使用的合適名稱**

塔羅牌的暱稱只要能與
塔羅牌的基本牌義及自
己的意象相結合，接下
來就可以隨心所欲。最
重要的是對自己來說容
易運用，請輕鬆地試取
看看。

只要仔細面對塔羅牌，
就會產生專屬於您的解釋

第一堂課程感覺如何呢？

在 Q1 中，藉由詢問「這名女性的年紀」等問題，是否讓各位更容易且具體地拓展了意象呢？只要至少著手寫下一句話，就代表您正在從塔羅牌上獲得靈感喔。

在 Q2 中，您或許無法替某些牌想出滿意的暱稱。不過請別擔心，在實際占卜的過程中，就可能會閃現「這張牌是〈○○牌〉？」的想法，或者是在日常生活中體會到「那張牌的意義或許是這樣」的瞬間。即使有的牌得花上好一段時間培養感情也無妨。

在這堂課程中只使用了一小部分的塔羅牌。也請您以自己的方式，拓展對其他牌的意象，並試著替它們取個暱稱。這麼一來，在實際占卜時就能更加流暢地以言語表達出來嘍。

今天抽到的牌

年　　　　月　　　　日（　　　）　　解釋：

占卜主題：

大阿爾克那　　　　　　　　　　正、逆

小阿爾克那
W / P / S / C　　　　　　　　正、逆

第一印象：

── 結果如何？ ──

滿意度 ☆☆☆☆☆

Day 2

試著將塔羅牌比喻為
各式各樣的事物

牌義不是靠死記，
而是靠聯想的

　　第二天的課程內容，是透過塔羅牌拓展變化多端的豐富意象。首先希望各位記住的是「沒有不正確的答案」，只要是浮現在您腦海裡的詞彙，全都是正確答案。請當作聯想遊戲，無拘無束地想像看看。

　　塔羅牌是非常自由的工具，完全沒有困難的規則，也沒有「非得是嚴重煩惱才能占卜」這樣的事。當您在日常生活中突然浮現疑問時，只要當作是向朋友詢問「你覺得呢？」的感覺輕鬆開口即可。

　　人們很容易誤以為塔羅牌具有崇高而永恆不變的意義，但絕對沒有這回事。重要的並非塔羅牌本身，而是您如何從中聯想。

　　今天希望各位學習的是拋棄固有觀念的課程。當出現〈戀人〉時，只會浮現「戀愛、伴侶、快樂……」等既定詞彙，是因為您被文本的關鍵字侷限住了。

　　如果將〈戀人〉比作食物，會浮現何種意象呢？或許有人會從背後的樹木聯想到「水果」；此外也有人會從「快樂」這個關鍵字，聯想到「最喜歡的食物」；或是從位於中央的天使聯想到「指導如何煮火鍋的人（火鍋料理）」也說不定。這樣和樂融融地用餐的景象，也很容易與〈戀人〉重疊在一起。

　　只要如此養成將身邊熟悉的事物加以應用的習慣，在占卜煩惱時就能引出許多種解釋了。

Q1 | 如果將塔羅牌比作人物或事物的話會如何？

請試著從圖案或牌義拓展意象，將其比喻成各式各樣的事物。

例

寶劍三

如果比作人物……

外表：
服裝很時髦，
可惜卻忘了
拆掉吊牌。

個性：
感覺雖然是個好人，
卻是偶爾
會失言的類型。

寶劍三

如果比作人物……

外表：

個性：

皇帝

如果比作食物……

味道：

口感或氣味：

聖杯六

如果比作時尚……

設計：

材質或穿著舒適度：

世界

如果比作地點……

具體位置：

氣氛：

Point

**試著將感受到的事物
直接化為言語**

如果突然要逞強地想「把塔羅牌比作○○吧」，可能會想得太難。首先請試著放點緩衝物——將從塔羅牌的牌面上感覺到的事物、想像到的事物化為言語。

Q2 | 如果試著將一張塔羅牌比作各種事物的話會如何？

請試著將一張牌比喻為各式各樣的事物，想到多少就寫多少。

戰車

KEYWORD:
能量

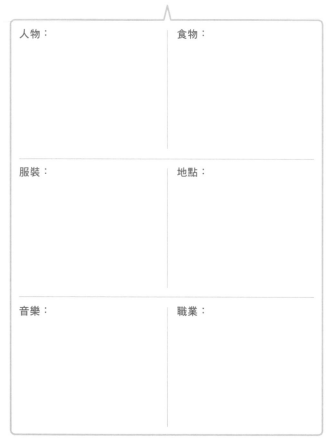

人物：

食物：

服裝：

地點：

音樂：

職業：

例

戰車

人物：
開朗且強而有力、
容易與人起爭執

食物：
漢堡

服裝：
決勝服裝

地點：
體育場、
車流量大的道路

音樂：
節奏輕快的類型

職業：
運動員

Point

請試著從外觀聯想

〈戰車〉是一幅接下來將赴戰場的人物圖畫。
建議先將您直接感覺到的印象寫下來，比如說服裝是「決勝服裝」、個性是「容易與人起爭執」等。

請從看了牌面圖案後
直覺感受到的事物自由想像！

看了〈聖杯六〉的女孩子想到頭巾、從〈戰車〉的車輛聯想到車流量大的道路，將圖案內容直接加以套用，是不是更加容易呢？

不過，如果想將塔羅牌上繪製的事物套用到截然不同的主題上，就會有極限在。如 Point 所寫，最重要的是「從塔羅牌上感覺到的事物」。比如說，從〈聖杯六〉感覺到「懷念」的

話，就能轉為另一種解讀方式「曾經喜歡的時尚風格」，拓寬詮釋的幅度。

您從塔羅牌上感受到的「感覺」是無形的寶物。如果將描繪的事物轉換為感覺，就能更順利地浮現其他對象。只要做到這一點，相信就能排除「無法將沒有繪製人物的塔羅牌套用到人身上解讀」等常見的阻礙了。

今天抽到的牌

| 年　　　　月　　　　日（　　　） | 解釋： |

占卜主題：

大阿爾克那
　　　　　　　　　　　　　　　正、逆

小阿爾克那
W / P / S / C　　　　　　　正、逆

第一印象：

――― 結果如何？ ―――

滿意度 ☆☆☆☆☆

Day 3

試著鉅細靡遺地檢視
牌面的每個角落

每一處都隱藏著
與詮釋相關的提示

　　第三天的課程內容，是一邊定睛細看塔羅牌的圖案，同時試著體驗理出頭緒以及「令人在意」是怎樣的感覺。因為這是類似心理測驗的內容，請放輕鬆嘗試。或許會浮現出令您意想不到的真心話也說不定。雖然抽了牌，卻感覺摸不著頭緒……在這種時候，您是不是馬上就會翻開文本呢？或是想著「剛才的不算！」，又重抽了另一張牌。

　　請稍等一下。解讀的提示其實就在您的眼前，抽出的牌本身正是最大的提示。

　　需要注意的重點是牌面。在看著塔羅牌時，首先映入眼簾的圖案通常會是您現在最為關心，或是與重要的事物有所關聯。正因為是令人掛念的事，才會讓您目光停駐於此，並有所感應。

　　如果是像〈力量〉這張牌一樣，有複數要角出現的情況，會將自己投射在女性身上，或是把獅子當作自己，如此也會令解讀方式獲得極大的不同。

　　重點在於請別忽視您所抽到的牌。畢竟它會來到您的手上，就表示有著某些緣分，請養成仔細凝視圖畫，徹底解讀的習慣。在看著牌面圖畫時，即使暫且忘掉原本的牌義、是否符合占卜主題等也無妨，首先請確認令您感到在意的部分。

Q1 | 請問牌面上的哪個部分令您感到在意？

請將塔羅牌上令您在意的圖案全部圈選起來，
並回答以下問題。

錢幣十

最令您感到在意的圖案為何？

您認為自己為什麼會感到在意？

您認為其中可能有什麼涵義？

錢幣十

最令您感到在意的圖案為何？

> 右下方的兩隻狗

您認為自己為什麼會感到在意？

> 因為鄰居有養白狗，
> 所以不由得
> 注意到牠們

您認為其中可能有什麼涵義？

> 因為狗是安產的象徵，或許可以與關鍵字「繼承」相連結？具有養狗的財力。

Point

請試著注意細節部分

後方的塔也許與大阿爾克那的〈高塔〉意思相通？而彷彿與背景融為一體的老人的披風，仔細一看也有著各式各樣的圖案。乍看之下似乎是很幸福的親子，但父母親彷彿擦肩而過的位置關係也值得注意。

Q2 請問您能夠無一遺漏地確認牌面整體嗎？

〈權杖王后〉中不僅有王后與黑貓，還繪製了許多的「臉孔」。
請盡可能地找出牌面上所有臉孔圈選起來，並回答以下問題。

權杖王后

請問您能在牌面上找到幾張「臉孔」呢？

	張

請問您最在意哪張「臉孔」呢？

您認為其中可能有什麼涵義？

 例

權杖王后

請問您能在牌面上找到幾張「臉孔」呢？

7	
	張

請問您最在意哪張「臉孔」呢？

> 王后所坐的寶座上，
> 面朝左側的獅子。

您認為其中可能有什麼涵義？

> 感覺似乎很開心，所以給人愉快的印象。因為如同守護王后一般在她身邊，或許是以笑容彈開厄運也說不定。

Point
請別因為是普通的花紋或背景就錯過

在服裝的花紋、家具器具或背景等處，隱藏了不少動物或天使等圖案，其中有些甚至是不仔細觀察就不會發現。請注意畫了許多圖案的地方。

LUA的解說

即使記住了塔羅牌，
仍要養成定睛細看的習慣

即使以同樣的主題占卜、出現同一張牌，塔羅牌也會根據解讀對象或當下情況，而改變需要注意的圖案。比如說〈錢幣十〉，有時看了會將老人與自己重疊，另一天或許反而會對狗印象深刻。這種感覺正是最重要的解讀用材料。因此並沒有「只要記住牌義，就不需要仔細看牌」這種事，請注重占卜當下映入眼簾的圖案。

Q2的課程是「找出臉孔」。臉孔是代表人心的部位，因此非常重要。看見笑容，會覺得那是發自內心，還是表面工夫呢？背對著的人物露出的是何種表情呢？請特別意識到這些事情一邊確認。

即使牌面上並非有臉的圖像，但您覺得看起來像臉孔，那或許也是一種訊息，請好好重視自己的感覺。

今天抽到的牌

| 年 | 月 | 日 ( ) | 解釋： |

占卜主題：

大阿爾克那
　　　　　　　　　正、逆

小阿爾克那
W / P / S / C　　　正、逆

第一印象：

━━━ 結果如何？ ━━━

滿意度 ☆☆☆☆☆

Day 4

將11組牌融會貫通

以成對方式記住大阿爾克那，就能加速理解

一旦排列出好幾張塔羅牌時，就很難統整出結果。在這個時候，大阿爾克那將能作為提示。大阿爾克那在塔羅牌中不僅是意義最強勁的，如果在占卜結果中出現成對的塔羅牌，更是代表有著特殊涵義。LUA 將這種成對的塔羅牌取名為「11組牌」。

所謂的11組牌，指的是將大阿爾克那的數字相加之後為20的成對牌，一共有11組（不過唯有〈命運之輪〉與〈世界〉相加為31）。

〈愚者〉與〈審判〉代表「未定與決定」；〈魔術師〉與〈太陽〉代表「開始與終點」；〈女祭司〉與〈月亮〉代表「黑白與灰」；〈皇帝〉與〈高塔〉代表「穩定與革新」；〈教皇〉與〈惡魔〉代表「理性與欲望」；〈戀人〉與〈節制〉代表「愉悅與好奇心」；〈力量〉與〈吊人〉代表「動與靜」；〈隱士〉與〈正義〉代表「內在世界與現實社會」；〈命運之輪〉與〈世界〉代表「過程與完成」，每組牌各自擁有對比的意義。如果出現了11組牌，就請試著以這些意義為關鍵進行解讀。掌握11組牌的好處，是能幫助各位更快記住大阿爾克那的牌義。由於是以某個主題為主軸，涵義呈對比的兩張牌，因此各自的涵義都十分顯眼，會比起單純背誦22張牌來得更快。

而在前面沒有提及的〈女皇〉與〈星星〉、〈戰車〉與〈死神〉的涵義，請在 Q2 的課題中一起來思考。

Q1 | 請問您能找出「11組牌」嗎？

請從下列大阿爾克那中找出四組11組牌的組合，並將塔羅牌的名稱寫進以下空格中。

Point

請仔細尋找相加起來為 20 的組合

11組牌的規則十分簡單，只要數字相加起來為20就是一對。在您還沒記住之前，占卜時請仔細確認出現的牌相加是否為20。不過，只有〈命運之輪〉與〈世界〉是例外，相加起來為31，請特別注意。

0 愚者	11 正義
1 魔術師	12 吊人
2 女祭司	13 死神
3 女皇	14 節制
4 皇帝	15 惡魔
5 教皇	16 高塔
6 戀人	17 星星
7 戰車	18 月亮
8 力量	19 太陽
9 隱士	20 審判
10 命運之輪	21 世界

解答

　　　　　與　　　　　與　　　　　與

　　　　　與　　　　　與　　　　　與

Q2 | 請問您知道11組牌的特殊意義嗎？

請依下列兩張牌寫下呈對比的部分，
並試著以自己的風格表現11組牌的涵義。

 例

女皇　　　　星星

呈對比的部分：

女皇穿著禮服，
而星星則是裸體。
星星是更為
純真無邪的存在，
而女皇則帶給人
充滿豐富經驗
的印象

11組牌的涵義：
現在擁有的
財產與未來的財產。

女皇

星星

呈對比的部分：

11組牌的涵義：

戰車　　　　死神

呈對比的部分：

11組牌的涵義：

Point
請試著比較圖案的細節之處

圖案中存在著尋找牌義
的提示。〈戰車〉與〈死
神〉中的人物年齡大約
幾歲？ 姿勢上有何不同
嗎？ 背景呢？ 請試著
深入比較細節，以找出
其中涵義。

LUA的解說

如果看見大阿爾克那，
請注意11組牌

由於大阿爾克那各自具有衝擊性，乍看之下似乎沒有什麼成對的要素。然而只要仔細觀察圖案，應該就會明白11組牌的主題。

從〈女皇〉身穿豪華禮服、階級與游刃有餘的坐姿，可以看出她是呈現「獲得滿足的狀態」，並有一定的年紀；另一方面，從〈星星〉呈現代表純粹的裸體，以及動態的姿勢來看，則能得知她是「擁有未來可能性」的年輕少女。〈戰車〉與〈死神〉兩者的共通點是同樣乘坐在交通工具上，但〈戰車〉為「出於自身意志向前衝的戰士」；而〈死神〉則相反，是無關意志，「如命運般可能造訪任何人的事物」。

如果在占卜時出現了大阿爾克那，請養成尋找11組牌的習慣。這將會成為解讀的主軸，並協助您更容易掌握其餘的牌義。

今天抽到的牌

年　　　月　　　日（　　）

占卜主題：

大阿爾克那
　　　　　　　　　　　　正、逆

小阿爾克那
W / P / S / C　　　　　　　正、逆

第一印象：

解釋：

─── 結果如何？ ───

滿意度 ☆ ☆ ☆ ☆ ☆

Day 5

找出牌面圖案的
共通點

了解物品的意義，
就更容易拓展解釋

　　至今為止的課程都在告訴各位，對圖案的印象是所有詮釋的基礎。

　　現在各位是否已經可以針對描繪在塔羅牌上的事物，觀察其細部的象徵、人物表情，從中想像角色個性或故事等，並從一張塔羅牌盡情拓展各種意象了呢？

　　請好好珍惜在仰賴文本的關鍵字前就獲得的線索，並試著以自己的風格聯想，只要重視這項基本規則，無論別人拋來何種問題，想必都可以確實解讀牌義。第五天的課程內容是藉由比較牌面，讓每一張牌的涵義變得更為鮮明。

　　在大、小阿爾克那共78張的塔羅牌中，有些牌的構圖不可思議地相似。代表範例就是「裸體人物」及「兩根柱子」。由於擁有相似的印象，或許有許多人會將解釋混淆。

　　記住塔羅牌的訣竅，就是找出共通點以及相異點。只要能明確掌握「這裡不一樣」，就不會做出曖昧的詮釋，或有混淆意義的情況了。

　　除了在本課程中介紹的牌之外，還有許多構圖相似的塔羅牌。像〈寶劍二〉與〈錢幣二〉如出一轍的地方是兩者皆手持兩樣物品。各位也可以用自己的方式，整理出這類塔羅牌的共通點與相異點。

Q1 | 請問擁有共通圖案的塔羅牌，涵義相異之處為何？

裸體的人物呈現出毫無隱瞞的狀態，
意謂著忠於某種事物。
請問您認為這分別意謂著忠於何種事物呢？

戀人

忠於　快樂

戀人

忠於

惡魔

忠於

星星

忠於

太陽

忠於

審判

忠於

世界

忠於

Point
也試著從牌的名稱來聯想

只有大阿爾克那才有繪製裸體人物。或許正因為是擁有強勁意義的大阿爾克那，才會有毫無隱瞞的裸體人物登場也說不定。不僅從圖案，也請試著從牌的名稱聯想看看。比如說〈惡魔〉也可以解讀成「壞事＝忠於欲望」呢。

Q2 | 請問您能推演出呈對比的 兩種要素嗎？

柱子或成對的塔，代表的是呈對比的兩種要素或價值觀。
請試著思考下列塔羅牌顯示的是何種成對要素。

女祭司

[ ] 與 [ ]

女司祭

| 白 |

與

| 黑 |

死神

[ ] 與 [ ]

月亮

[ ] 與 [ ]

教皇

[ ] 與 [ ]

正義

[ ] 與 [ ]

Point

在柱子或門的另一側 有著什麼？

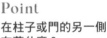

請試著將成對的柱子或
門視為通往另一個世界
的入口。

〈死神〉代表死亡之神，
因此前方繪製著躺了遺
體的情景，然而在門的
另一側，太陽正綻放著
光芒；〈教皇〉牌中，
教皇坐在柱前，彷彿是
為了擋住柱子另一側的
景象不讓前方的修士看
見。柱子的另一側究竟
有什麼呢？

只要思考柱子（門）所分
隔開的事物為何，就能
看清主題了。

LUA的解說

推薦以自己的方式
整理共通主題

　　會穿著服裝的只有人類，這可說是顯示社會立場，換言之就是理性的主題。而當出現繪有裸體人物的牌時，也可以解讀成代表著「更為本能的情感」。我將〈戀人〉解讀為忠於快樂、〈惡魔〉忠於欲望、〈星星〉忠於希望、〈太陽〉忠於成功、〈審判〉忠於時機，而〈世界〉則忠於自己本身。

　　Q2中的〈女祭司〉是司掌「白與黑」、「陰與陽」等各種成對要素的存在；〈死神〉可以解讀為「結束與起始」，或是更直接的「生與死」；〈月亮〉上的門似乎區隔著「現實與幻想」；而〈教皇〉因為是向人們宣揚神之教誨的人物，則可認為在他身後的柱子是區隔神界與人界的入口；〈正義〉則代表著「善與惡」。在占卜時如果出現了這些牌，可能顯示出存在著某些糾葛。

今天抽到的牌

年　　　月　　　日（　　）　　　　解釋：

占卜主題：

大阿爾克那　　　　　　　　　正、逆

小阿爾克那
W / P / S / C　　　　　　　正、逆

第一印象：

結果如何？

滿意度 ☆☆☆☆☆

Day 6

掌握小阿爾克那的元素

若能與實際體驗相結合，
就更容易掌握意義

第六天的課程內容為加深對元素的理解。當各位能夠以自己的方式表現四種花色與元素時，想必會發現自己已經能夠得心應手地解釋小阿爾克那了。由於小阿爾克那不像大阿爾克那一樣繪有主題，總會令人有些難以掌握牌義。

如果想跨越這道障壁，您在思考時可以先意識到「小阿爾克那是以火（權杖）、地（錢幣）、風（寶劍）、水（聖杯）四種元素作為主軸」一事，並當成基礎。

這時候的重點在於不僅是記住詞彙，還要伴隨著意象或體感來感受元素。

各位在做什麼行為時，會感覺到火所象徵的「熱情」呢？那時的情感可以化作何種詞彙呢？

各位在現實生活中，什麼時候能感受到地所代表的「豐饒」呢？最近是否有過某些腳踏實地完成事情的經驗呢？

各位曾經歷過代表風的「思考」化為如寶劍般銳利刀刃的體驗嗎？有沒有切身體會到言語在溝通交流中的重要性？

各位體驗過水所代表的「愛情」嗎？那是在怎樣的情況下，對象又是怎樣的人呢？

如果能分別與實際體驗相結合，並轉化為自己的語言，相信您對小阿爾克那的解釋將會變得更為生動。

Q1 | 如果試著將元素以擬聲語、擬態語描述，會變成如何？

請試著以「閃閃發亮」或「沙沙沙」等擬聲語、擬態語，用您自己的方式呈現火、地、風、水四種元素。

 例

水元素的情況

濕答答、
嘩啦嘩啦、
啪沙啪沙、
沙沙沙沙、
淅瀝淅瀝。

火　地

風　水

Point
擬聲語、擬態語可協助解讀

「這個元素有這樣的意思……」重點在於別像這樣想得太困難。請試著直接一點想像元素，比如說「火焰轟隆轟隆地燃燒著」、「火星啪嘰啪嘰地散落」等。

Q2 | 請問四名騎士分別是如何抵達目標的？

即使同樣身為騎士，花色不一樣，前往目的地的過程也不盡相同。
第一個抵達目標的騎士是誰？請在（　）中寫下抵達順序，並基於花色的意義寫下這麼認為的原因。

例

錢幣騎士

排名（　4　）

原因：
因為看起來似乎是
最沒有動靜的。

聖杯騎士

排名（　　　　　　　　　）

原因：

寶劍騎士

排名（　　　　　　　　　）

原因：

錢幣騎士

排名（　　　　　　　　　）

原因：

權杖騎士

排名（　　　　　　　　　）

原因：

Point

請注意馬的奔跑方式

騎士並非前往戰場的人，而是朝著目的地邁進的存在。而他們如何策馬奔騰，可以顯示出他們是如何朝著目標邁進的。

花色的個性會顯現在馬匹的速度感上。〈錢幣騎士〉的馬匹看起來就像完全沒有在動似的。

LUA的解說

試著以容易理解的花色
為核心作比較

為了理解元素，有項課程希望各位今後也能加以實踐：請平時在使用火或水的時候、感覺到風的時候、碰觸到土的時候，都要有意識地去感受。「哦，原來火是這樣的事物啊」——請切身體會並記住這種真實感。這種「感覺」訓練將能鍛鍊您的直覺。

在Q2中，我個人的解讀方式是〈權杖騎士〉最有氣勢，〈寶劍騎士〉以

絲毫沒有多餘的動作向前衝，〈聖杯騎士〉會隨著心情改變速度，而〈錢幣騎士〉則是腳踏實地地前進。訣竅在於以感覺容易解讀的花色為中心，與其他花色相比較。這次是以最沒有動靜的〈錢幣騎士〉為中心，來思考「比它稍快一點的是聖杯」。在占卜時也經常運用像這樣藉著與其他花色的涵義相比，突顯出想解讀牌義的手法。

今天抽到的牌

年　　　　月　　　　日（　　　）　　解釋：

占卜主題：

大阿爾克那
　　　　　　　　　　　　　正、逆

小阿爾克那
W / P / S / C　　　　　　　正、逆

第一印象：

---結果如何？---

滿意度 ☆ ☆ ☆ ☆ ☆

Day 7

學會解讀宮廷牌

理解階級與花色，
替其設定角色

第七天的課程內容，是組合以人物呈現的宮廷牌花色與階級，並練習隨機應變地解讀。

在實際占卜時，如果能了解宮廷牌，會更容易獲得各式各樣的提示。這是因為宮廷牌會呈現出抽牌者本身的心境，或暗示關鍵人物的存在。

首先請將宮廷牌想像成「家庭」，就會更容易理解。每個家庭都分別有侍者、騎士、王后、國王四人（四種階級），然後四種花色的家庭都有著不同的氛圍。權杖（火）一家人既熱情又充滿活力；錢幣（地）一家人注重腳踏實地，似乎能組成穩定的家庭；寶劍（風）一家人雖是家人，卻不講情面，喜歡議論；而聖杯（水）則是舒適自在、氣氛和樂融融。

此外，構成每個家庭的四種階級，則意謂著會如何表現出該花色的特質。年幼的侍者會單純地享受花色的特質；年輕的騎士會以話語表現其特質；身為母親的王后，會以愛和情感表達花色所具有的涵義；身為父親的國王則是以行動表現花色的人。比如說，如果是〈聖杯騎士〉，就可以將愛（聖杯）與化為言語的人（騎士）加以組合來解釋。

只要將花色與階級構造融會貫通，相信就算沒有文本，各位仍能確實掌握16個角色。

Q1 請問四名侍者分別有著怎樣的口頭禪呢？

請一邊想像著每種花色的侍者會是何種個性，
並試著寫下他們似乎會常說的話。

例

權杖侍者

> 我想做的事情
> 實在太多了！
> 一回沉迷其中，時間
> 一眨眼就過去了呢。

權杖侍者

錢幣侍者

寶劍侍者

聖杯侍者

Point
將花色與侍者的個性組合起來解讀

侍者指的是「實習生少年」。在宮廷牌中是最為清新的存在，會簡單地表現出各花色的特質。正因為凡事毫無經驗才會態度謙虛，或是反過來懷有強烈野心？請試著這樣想像看看。將其套用在學生時代的同班同學身上來想像，或許也是個有趣的做法。

Q2 | 寶劍宮廷牌可能會分別
給自己怎樣的建議呢？

如果向寶劍宮廷牌詢問提升工作業績的方法，會獲得怎樣的建議呢？
請試著想像看看並寫下來。

例

寶劍侍者

為了遇到任何事都能
馬上應對，我認為神
經應該要繃得更緊
一點比較好喔。

寶劍侍者

寶劍騎士

寶劍王后

寶劍國王

Point
階級表現出花色的
意義

各位只要記得宮廷牌
是「以適合其階級（侍
者、騎士、王后、國王）
的方式表現花色的涵
義」，就會更容易解讀。
如果是向〈寶劍國王〉
尋求建議，就可以組合
成「以行動表現（國王）
思考（寶劍）的人」，並
解讀為「以嚴謹的態度
思考問題，改變現實狀
況」等意思。

LUA的解說

只要能理解16名角色，
解讀起來就會更加容易

在Q1中，侍者對您說了些什麼呢？如果覺得摸不著頭緒，想不出適合話語的話，請準備一個在自己身邊、容易想像的情境。以侍者來說，可以試想成剛進公司的晚輩。權杖侍者在面對接下來的工作時，或許會熱情積極地喊著「要上嘍！」；而如果是聖杯侍者，可能會以討人喜歡的態度說「謝謝！」，浮現想吸引人關照疼愛的形象。

在Q2的課程中，區分同花色的四人的個性會不會很困難呢？感受圖案的印象是首要基礎，接著再搭配今天所學習的花色與階級組合的方式，來想像他們的人物形象。「如果由侍者來表現寶劍的思考會如何？換成騎士的話呢？」就像這樣一邊比較階級，一個個仔細地搭配組合。一旦能明白其中差異，解讀起來就會更加容易。

今天抽到的牌

年　　　月　　　日（　　）

占卜主題：

解釋：

大阿爾克那　　　　　　　　　正、逆

小阿爾克那
W / P / S / C　　　　　　正、逆

第一印象：

── 結果如何？ ──

滿意度 ☆☆☆☆☆

The 2nd Week

深入解讀牌陣

所謂的牌陣，
指的是多張塔羅牌的排列方式。
可針對一個問題，
從許多角度加以解讀。

一旦將本週課程融會貫通……

☑ 將能流暢運用多張牌的牌陣占卜

☑ 將提升針對各種問題的應用能力

☑ 將能明白該特別注意的塔羅牌為何

本週的學習內容

懂得掌握整體牌陣，
而非一張張分別解讀

　　到目前為止，各位是否跟塔羅牌熟稔許多了呢？第二週要攻略的內容為塔羅牌的樂趣所在——牌陣。

　　所謂的「牌陣」指的是排列塔羅牌的形式。牌陣賦予每個位置各自的意義，「出現在這裡的塔羅牌，代表著問題的這個面向」等，並詳細分析。展開牌陣時，能導出不同於單張牌（只抽一張牌）的資訊；此外，還能從相鄰的牌或整體印象等獲得新的資訊。只要鍛鍊出能審視整體牌陣的眼力，相信問題的答案就會接連不斷地閃現。

第二週行程表

Day 8

以時間之流掌握流勢

養成以時間之流審視
整體的習慣

　　時間之流的張數較少，能夠得出直截了當的答案，是十分推薦初學者使用的牌陣。一開始先練習時間之流，就可藉此掌握應用其他牌陣的技巧。

　　第八天的課程內容，是一邊學習兩種時間之流的基礎，同時試著從牌陣整體辨別塔羅牌的強弱。

　　時間之流主要有兩種活用方式。分別是以「過去、現在、不久後的未來」占卜運勢的方式，以及「原因、結果、建言」來分析所面臨的問題，並找出解決方案的方式。兩者都只要用僅僅三張牌就能占卜，可說是十分好用的牌陣。

　　首先，在解讀運勢的時間之流牌陣中，重點在於掌握「過去、現在、不久後的未來」的流勢。請審視整體，並判斷氣勢究竟是正在增長還是逐漸衰退，哪裡才是最首要的重點。如果出現大阿爾克那或小阿爾克那的一（Ace）等強勁的牌時當然很重要，但是請別拘泥於這點，請一邊比較牌的強弱，並解讀前後的流勢。

　　而尋找解決問題方案的方式也一樣，只要能看清牌的強弱，以強勁的牌為主軸來解讀，應該就能更容易串成故事。

　　時間之流由於張數少，很容易審視整體，因此也很容易察覺主題或圖案上的共通點。提示常會隱藏在意料之外的地方，因此建議可以稍微拉開距離，以審視牌陣整體。

Q1 | 請問您會如何解讀占卜運勢的時間之流牌陣？

現在依下列主題展開了時間之流牌陣，請一邊看著牌陣，一邊回答以下問題。

主題：突然被告知要人事異動。我的工作運將會如何？

①過去
權杖五

②現在
隱士

③不久後的未來
權杖二

請看著牌陣，寫下您所在意的事或主題。

您預期這將會是怎樣的未來？請圈選認為符合的項目。
（　變得更好　／　變得更糟　／　不確定　）

請試著寫下自己的解釋。

例

請看著牌陣，寫下您所在意的事或主題。

> 所有的人物都是男性，全部都是正位。

您預期這將會是怎樣的未來？請圈選認為符合的項目。

（變得更好／變得更糟／不確定）

請試著寫下自己的解釋。

> 雖然是個嘈雜且忙碌的部門，事到如今，這樣的過去卻令人感到幸福且懷念。今後若能活用至今為止的經驗，向全新事物挑戰或許會很不錯。

Point
找出哪張是強勁的牌

若要解讀塔羅牌的強弱，關鍵在於出現大阿爾克那的位置。而出現共同花色的位置也是可供判斷的素材。

由於時序是從〈權杖五〉到〈權杖二〉，因此看起來是朝著未來愈發穩定的情況。由於〈隱士〉也持有權杖，或許可以窺見提問者對工作的強烈積極性。

Q2 | 請問您會如何解讀占卜「原因、結果、建言」的時間之流牌陣？

現在依下列主題展開了時間之流牌陣，請一邊看著牌陣，一邊回答以下問題。

主題：雖然想與父母建立起良好關係，卻總是忍不住起爭執。
　　　我該怎麼做才好？

①原因
太陽（逆）

②結果
錢幣一

③建言
聖杯四（逆）

請看著牌陣，寫下您所在意的事或主題。

「原因」與「結果」之間可能發生了什麼事呢？

請試著寫下自己的解釋。

例

請看著牌陣，寫下您所在意的事或主題。

> 出現了大阿爾克那，右邊兩張牌都繪製著從雲中伸出的手。

「原因」與「結果」之間可能發生了什麼事呢？

> 錢幣跟太陽很像……西斜的太陽（逆）仍確實地綻放光芒（錢幣一），換言之，可能發生了「下雨後地面變硬（※意指「不打不相識」）」。

請試著寫下自己的解釋。

> 從太陽（逆）來看，原因可能是吵完架後就擱置不管。如果能努力解除尷尬的狀況（聖杯四（逆）），或許就有機會和好（錢幣一）。

Point
以簡單好懂的牌為主軸來解讀

從「結果」的〈錢幣一〉可得出「無論現在如何，關係應該會變好」，請試著以這點為前提來解讀。原本明朗的親子關係或許也能解釋成如同〈太陽（逆）〉所示，只是暫時倒過來了而已。

LUA的解說

解讀時只要以強勁的牌為主軸，就更容易建構出整體流勢

Q1中唯一的大阿爾克那〈隱士〉似乎是關鍵。換言之，重要的是②「現在」，因此要根據影響了現在的「過去」來解讀「未來」。牌面上也可看見〈隱士〉凝視著〈權杖五〉，呈現出看著與夥伴切磋的過去，產生「那時比較好」的心境。不過，如果將〈權杖二〉手中的地球視為「培養至今的技能或人脈（〈權杖五〉的夥伴）」，今後也能繼續努力吧。

在Q2中，若是把〈錢幣一〉看得比逆位的〈太陽〉更重要，以此解讀的話，就會做出「就結果而言能成為良好關係」的判斷。③「建言」的〈聖杯四（逆）〉的主題是「脫離千篇一律所導致的負面模式」。如同〈太陽〉的暗示，原本應該是個很好的家庭，卻因為出現了逆位，反而使得「只是這樣又沒關係」的任性或自私部分突顯出來也說不定。而建言則可解釋成「即使親密仍要有分寸」吧。

今天抽到的牌

年　　　月　　　日（　　）　　　　解釋：

占卜主題：

大阿爾克那　　　　　　　　　正、逆

小阿爾克那
W／P／S／C　　　　　　　正、逆

第一印象：

───── 結果如何？ ─────

滿意度 ☆ ☆ ☆ ☆ ☆

Day 9

以二選一
做出更好的選擇

關鍵在於
如何客觀看待問題本身

第九天的課程內容，是透過二選一來練習如何讓提問者的狀況與占卜結果產生關聯。

人生就是一連串的選擇。如果有兩種想要的事物，該選擇哪種；A計畫與B計畫，哪一種比較好？人們在日常生活中，常會面臨遇到複數選項而猶豫不決的情況。

基本上，答案是由自己來決定的，但既然會產生迷惘，就表示其中存在著某些令人不安的因素。而二選一牌陣就能夠將其做整理，從另一個角度檢視，幫助您更容易下決定，並從背後推您一把。

我經常聽到有人詢問這樣的問題：出現怎樣的牌才是正確答案（正確選擇）？雖然很容易被誤會，不過塔羅牌是不會告訴您「這邊才是好的」，而只是提供「也可以這樣思考」的提示罷了。無論出現好牌或壞牌，到最後做出選擇的人還是您自己，千萬不能認為「是塔羅牌這麼說的」而放棄自己的責任！

其中重要的關鍵就是③提問者的態度。出現在這個位置的牌與整個選擇息息相關。這個選擇有意義嗎？這就是全部的選擇嗎？有時根據內容，甚至會得出「暫緩下決定比較好」的結論。

如果能透過二選一的課程，養成俯瞰問題本身的習慣，想必就能從更為客觀的角度解讀。

Q1 | 如果在二選一中出現這張牌，請問您會選擇哪邊？

現在依下列主題展開了二選一牌陣，請一邊看著牌陣，一邊填寫空格，並回答以下問題。

主題：有女人味的襯衫與輕鬆簡便的針織衫，要買哪一件？

> 如果買這件的話會如何：

> 如果買這件的話會如何：

①選項A
襯衫
聖杯十（逆）

②選項B
針織衫
寶劍三

③提問者的態度
權杖三（逆）

> 提問者表現出何種態度？

請圈選符合您最後判斷的項目。
（　襯衫　／　針織衫　／　兩種都買　／　兩種都不買　）

例

①選項A　襯衫

> 如果買這件的話會如何：
> 雖然不差，但設計似乎會讓人看膩。

②選項B　針織衫

> 如果買這件的話會如何：
> 一旦碰到下雨，馬上就會壞掉。

> 提問者表現出何種態度？
> 三根權杖當中，有兩根比較靠襯衫這側，所以或許比較受襯衫所吸引。

請圈選符合您最後判斷的項目。
（襯衫／針織衫／兩種都買／兩種都不買）

Point

試著確認整體

在三張中有兩張出現了逆位，這點也需要注意。或許也能解讀成這並不是很適合購買的物品，或是其實不太感興趣。此外，如果注意「針織衫」、「提問者的態度」同樣出現了「三」這點，似乎也能解讀成受到那邊吸引。

Q2 | 如果展開了二選一牌陣，卻反而更加迷惘，該怎麼做？

現在依下列主題展開了二選一牌陣，請解讀塔羅牌，並將答案寫在空格中。

主題：跟男友約會。海邊跟遊樂園，選哪邊可以玩得比較愉快？

①選項A
海邊
寶劍七

③提問者的態度
命運之輪（逆）

②選項B
遊樂園
正義

您的解釋：

進一步詢問「為了讓約會成功，還需要些什麼」並加抽。請試著解釋下面的塔羅牌。

加抽建言牌
權杖國王（逆）

您讀取到何種建言：

Point
請試著隨心所欲地想像選項的情況

由於是代表對等的〈正義〉，似乎能有一場平實的約會，但〈寶劍七〉是來自大海的背叛，換言之也能解讀成天氣有可能不好。明明是約會，卻出現許多持劍的牌，散發出欠缺甜蜜氛圍的氣息，這點也是特徵。

LUA的解說

依結果而定，
或許還能發現其他選項

關於 Q1，由於出現在③「提問者的態度」的〈權杖三（逆）〉是權杖，可以看出與其說是想要這份商品，倒不如說只是想花錢揮霍的念頭。此外，也含有「如果能更便宜一點」、「萬一買下來後又看到更好的商品怎麼辦？」的不安。相信提問者應該最明白答案會是「還是先觀望比較好」。

Q2從塔羅牌的強度來看，應該是出現〈正義〉的遊樂園，但③「提問者的態度」是〈命運之輪（逆）〉這點令人在意，顯示提問者認為這兩個選項「似乎都不太對」。如果無論如何都無法選擇，進一步提出問題並加抽一張牌也是個辦法。由於出現的是〈權杖國王（逆）〉，事先準備好幾個選項，作為依照當天情況彈性調整的備案或許也不錯。

也請您不需硬是做出結論，而是加以重新審視整體的方向性。

今天抽到的牌

年　　　　月　　　　日（　　）	解釋：

占卜主題：

大阿爾克那
　　　　　　　　　　　　正、逆

小阿爾克那
W / P / S / C　　　　　正、逆

第一印象：

結果如何？

滿意度 ☆☆☆☆☆

Day 10

以六芒星解讀契合度

掌握該解讀的地方，
聚焦在重點上

第十天的課程內容，是以六芒星為題材，練習如何整理張數較多的牌陣資訊，找出該解讀的地方，並了解可從中編織出何種故事。

所謂的六芒星是當您浮現「我跟那個人的契合度如何？」、「那個人對我有什麼想法？」這類疑問時，能夠派上用場的牌陣。牌陣由兩個三角形重疊而形成六芒星的形狀，可一邊比對自己與對象的狀況，一邊解讀。

話雖如此，由於這個牌陣需要使用七張牌，可能會令人感到混亂、難以掌握牌義而讓解讀沒有進展。而且在面對張數較多的牌陣時，如果試圖平均解讀每一張牌，反而可能產生模稜兩可的結果。重點在於該將重點聚焦於何處，這時候就有幾個應該注意的地方。

首先，請確認塔羅牌的強弱。哪個位置出現了大阿爾克那或一（Ace），或是正、逆位的平衡如何，都會影響結果。

接著要尋找塔羅牌之間的共同點。圖案、數字、主題、構圖、11組牌等等，有好幾個重點需要檢視。

而男女比例或花色比例也能作為重點。比如說，如果在占卜戀愛問題上出現較多寶劍牌，就可以解讀成「或許是顧慮太多了」，掌握這種整體印象也會對解讀有所幫助。

Q1 | 如何以六芒星解讀 契合度與運勢？

現在依下列主題展開了六芒星牌陣，請一邊看著牌陣，一邊填寫空格，並回答以下問題。

主題：我想知道與新進晚輩之間的契合度！

①過去
月亮（逆）

⑤晚輩的心情
權杖國王（逆）

⑥提問者的心情
寶劍四（逆）

⑦最後預測
聖杯七（逆）

③不久後的未來
錢幣四（逆）

②現在
寶劍侍者

④建言
女祭司

請勾選您認為符合上述牌陣內容的項目。

- ☐ 出現大阿爾克那
- ☐ 正位較多
- ☐ 逆位較多
- ☐ 男性較多
- ☐ 女性較多
- ☐ 出現所有花色

- ☐ 出現的花色較傾向其中幾種
- ☐ 有複數張同數字的牌
- ☐ 有複數張構圖相似的牌
- ☐ 出現一（Ace）
- ☐ 出現宮廷牌
- ☐ 出現11組牌

牌陣導出的契合度如何？請參考上述清單寫下來。

例

請勾選您認為符合上述牌陣內容的項目。

- ☑ 出現大阿爾克那
- ☑ 逆位較多
- ☑ 男性較多
- ☑ 出現所有花色
- ☑ 有複數張同數字的牌
- ☑ 出現宮廷牌
- ☑ 出現11組牌

牌陣導出的契合度如何？請參考上述清單寫下來。

> 逆位較多，暗示了對晚輩的負面想法。月亮（逆）與寶劍侍者則代表正在試探晚輩的狀態。而對方則是任性妄為的權杖國王（逆）。這樣下去，雙方似乎都會變得固執。由於月亮與女祭司是11組牌，關鍵為不要採取模稜兩可的態度，而要理性對話。

Point
稍微拉開距離審視

如果想找到塔羅牌的共同點，重點在於稍微拉開距離審視。請以欣賞繪畫的感覺眺望牌陣整體。形狀相似的主題、相似的構圖、相似的色調……請注意第一眼映入眼簾的資訊，並加以解讀。

請根據79頁的內容，寫下解析結果。

請根據79頁的內容

 例

①過去
月亮（逆）

①過去

> 兩人原本的關係：
> 勉強掌握了
> 彼此的個性。

兩人原本的關係：

②現在
寶劍侍者

②現在

> 兩人現在的狀況：
> 互相提防著彼此。

兩人現在的狀況：

③不久後的未來
錢幣四（逆）

③不久後的未來

> 兩人的關係將會演
> 變成的狀況：
> 對彼此固執己見。

兩人的關係將會演變成何種
狀況：

④建言
女祭司

④建言

> 如果想和睦相處，
> 需要注意：
> 以理性態度
> 採取行動。

如果想和睦相處，需要注意：

⑤晚輩的心情
權杖國王（逆）

⑤晚輩的心情

> 晚輩對提問者的想法：
> 希望能讓我更隨心
> 所欲地行動！

晚輩對提問者的想法：

⑥提問者的心情
寶劍四（逆）

⑥提問者的心情

> 提問者對晚輩的想法：
> 差不多該設法處理
> 彼此之間的關係了。

提問者對晚輩的想法：

⑦最後預測
聖杯七（逆）

⑦最後預測

> 兩人最後將會是何
> 種關係：
> 認為彼此是獨一無
> 二的存在。

兩人最後將會是何種關係：

試著尋找肉眼看不見的
關聯也很重要

一旦試著實際排出牌陣後，會發現整體顯得很殺風景。並非「即使什麼都不做也很合得來」的印象，彼此似乎都需要做些努力。特別是⑤「晚輩的心情」為〈權杖國王（逆）〉、⑥「提問者的心情」為〈寶劍四（逆）〉，心情上完全相反。代表②「現在」的〈寶劍侍者〉也顯示出緊張感，這樣下去可能會演變成③「不久後的未來」的〈錢幣四（逆）〉所暗示的，形成互相牽制的關係。

不過，請注意〈女祭司〉與〈月亮〉是11組牌（參照52頁）。主題為「黑白」與「灰」。換言之，提問者身為前輩，必須避免像至今為止那樣模稜兩可的態度（月亮），而改採毅然的態度應對（女祭司）。這麼一來，就能如最後預測的〈聖杯七（逆）〉一樣排除兩人之間的迷惘。一旦找出如11組牌這類塔羅牌之間的關聯，就能立刻解讀出來，這也是常有的情況。

今天抽到的牌

年　　　　月　　　　日（　　　）　　解釋：

占卜主題：

大阿爾克那
　　　　　　　　　　　　　　　正、逆

小阿爾克那
W / P / S / C　　　　　　　正、逆

第一印象：

――――― 結果如何？ ―――――

滿意度 ☆☆☆☆☆

Day 11

讀懂凱爾特十字

分成幾個部分解讀，
整理起來會更容易

說起受塔羅牌愛好者喜愛的牌陣，就一定得提凱爾特十字。不僅張數眾多，排列起來美觀，而且牌陣形式不可思議，相信會令許多人心動不已。此外，由於凱爾特十字也非常適合用來面對自卑情緒或本人的願望等內容，因此足以令人體會到塔羅牌占卜的樂趣。

只不過，掌控10張牌的技巧極其困難。此外，也是很容易讓人遭遇「『不久後的未來』與『最後結果』有何不同？」、「該如何解讀『表意識』與『潛意識』才好？」等障礙的牌陣。

因此在第十一天的課程內容中，將為各位介紹把凱爾特十字分解成三部分，並分別解讀每個部分的方式。

首先是以屬於【縱向部分1（提問者的狀態、意識）】的①提問者的狀況、②成為障礙的事物、③提問者的表意識、④提問者的潛意識，來深入發掘提問者目前的心情。接著再以屬於【橫向部分2（時間軸）】的①、②加上⑤過去、⑥不久後的未來，來追蹤運勢如何發展；最後以屬於【縱向部分3（環境、不久後的未來）】的⑦提問者所處的立場、⑧周遭（或是對象）的狀況、⑨提問者的期望、⑩最後預測，來解讀周遭的狀況與未來。

這個牌陣的張數雖然很多，但只要藉由個別分析各部分，解讀時就能鎖定重點，並得出明確的結論。而且再也不會發生只看完「不久後的未來」與「最後預測」就結束的狀況了才是。

Q1 | 請問您會如何解讀複雜的凱爾特十字？

現在依下列主題展開了凱爾特十字牌陣，請回答以下問題。

主題：我為什麼無法擁有幸福的戀情？

②成為障礙
的事物
權杖七

③提問者的表意識
（思考的事）
惡魔

⑥不久後的未來
權杖九

①提問者的狀況
寶劍四

⑤過去
皇帝（逆）

④提問者的潛意識
（感覺到的事）
寶劍國王

⑩最後預測
錢幣八（逆）

⑨提問者的期望
死神（逆）

⑧周遭（或是對象）
的狀況
教皇（逆）

⑦提問者所處
的立場
權杖國王（逆）

請看著牌陣，寫下您所在意的事、主題及看了牌陣整體後感覺到的事。

例

請看著牌陣，寫下在意的事、主題及看了牌陣整體後感覺到的事。

> 男性人物的牌
> 多得驚人，
> 這是強烈表現出對
> 男性的負面意識嗎？
> 花色中沒有聖杯，
> 牌面整體給人戀愛
> 氛圍不足的感覺。

Point

試著掌握整體傾向

牌面上的人物淨是男性，女性則只出現在〈惡魔〉上，這點令人印象深刻。尤其是出現許多位於領導者立場的男性，如〈皇帝〉或國王等，可以看出提問者具有「我就是這樣」的強烈意志。如果能在想法上更加靈活柔軟些，或許會更好……即使只是粗略確認整體，也能讀取到這樣的內容。

LUA的塔羅牌獨見 錢幣五 來欣賞燈飾的兩人。沒有其他人在，是因為天氣太冷了嗎？

將凱爾特十字牌陣分成三部分，分別解讀每個部分。

【縱向部分1（提問者的狀態、意識）】　【橫向部分2（時間軸）】

③提問者的表意識
（思考的事）
惡魔

②成為障礙的事物
權杖七

①提問者的狀況
寶劍四

④提問者的潛意識
（感覺到的事）
寶劍國王

②成為障礙的
事物
權杖七

⑥不久後
的未來
權杖九

①提問者
的狀況
寶劍四

⑤過去
**皇帝
（逆）**

如何解讀提問者的狀態？

運勢會如何改變？

⑩最後預測
錢幣八（逆）

⑨提問者的期望
死神（逆）

⑧周遭（或是對象）的狀況
教皇（逆）

⑦提問者所處的立場
權杖國王（逆）

【縱向部分3（環境、未來）】

整理「環境」或「願望」並寫下來。

整合三個部分全部內容，寫下最後結果。

 例

【縱向部分1（提問者的狀態、意識）】

①目前是完全沒有戀愛徵兆的狀態。
②該做的事情太多，無法進入戀愛模式。
③雖然會對戀愛有所幻想，
④內心卻是冰冷的。

【橫向部分2（時間軸）】

⑤過去封閉在自己的世界裡。
①、②因為忙碌而無法啟動戀愛開關，
⑥但似乎終於做好了心理準備。

【縱向部分3（環境、未來）】

⑨害怕自己年紀漸長卻談不了戀愛。
⑧周遭有許多在戀愛方面上過於開放，給人負面印象的人物，
⑦令人焦躁，這是原因。
⑩即使認真考慮戀愛的事，似乎也會因此分心。

整合三個部分全部內容，寫下最後結果。

不該被他人的戀愛所左右，而應該單純面對。

Point

在每個部分裡分別找出關聯

以1～3的各個部分創作故事吧。在將內容整合起來時，③〈惡魔〉、⑧〈教皇〉是11組牌這點，或許也能成為提示。

LUA的解說

將分開解讀的每個部分
整合成一個故事

首先從【縱向部分1】看提問者的現況，如同〈惡魔〉所呈現的，提問者雖然對談戀愛感興趣，但潛意識卻如〈寶劍國王〉般冰冷，「一個人比較愜意」或許才是他的真心話；在【橫向部分2】中，⑤「過去」的〈皇帝（逆）〉說明他對戀愛沒有自信，而⑥「不久後的未來」也令人感受到抗拒感或猶豫；而在【縱向部分3】中，出現在⑧「周遭的狀況」的〈教皇（逆）〉是關鍵，由於

周遭人們的背叛或不誠實，似乎令他產生了如⑨「提問者的期望」的〈死神（逆）〉所呈現的，對戀愛的恐懼。而〈惡魔〉、〈教皇〉為11組牌，這點值得注意。從⑩「最後預測」也可看出周遭扭曲的愛情觀似乎對他造成了影響。

而將這三個部分整合起來，可解讀成提問者應該要摒棄「與其談著像周遭人們那般不幸的戀愛，還是維持單身生活就好」這種對戀愛的負面預設。

今天抽到的牌

年　　月　　日（　）　　　解釋：

占卜主題：

大阿爾克那　　　　　　　正、逆

小阿爾克那
W / P / S / C　　　　　　正、逆

第一印象：

── 結果如何？ ──

滿意度 ☆☆☆☆☆

Day 12

以V字形馬蹄鐵解決問題

根據最後結果解讀不同的建言

　　呈馬蹄形的 V 字形馬蹄鐵牌陣，是非常適合用來尋找問題原因、獲得某些行動方針或建議的牌陣。如同在凱爾特十字的頁面（第十一天）所言，牌陣解析的訣竅是將張數較多的牌陣分成幾部分解讀。

　　第十二天的課程內容，就來練習以④**建言**為主軸，將 V 字形馬蹄鐵分成【時間 × 建言】、【環境、結果 × 建言】兩個部分解讀的方法。

　　在切分之前，請先綜觀牌陣整體，試著掌握可能會有問題的地方。

　　牌陣左半邊——【時間 × 建言】部分呈現出的是時間序列。關注塔羅牌的強弱，將會成為掌握提問者心情的重點；而右半邊——【環境、結果 × 建言】則適合用來尋找問題的原因。V 字形馬蹄鐵就像是將時間之流的兩種解讀模式（過去、現在、不久後的未來／原因、結果、建言）合而為一的牌陣。

　　④**建言**是⑦**最後預測**的解釋關鍵。

　　只要實踐了④**建言**，就能獲得⑦**最後預測**的結果；只要實踐了④**建言**，就能避免⑦**最後預測**的結果。

　　⑦**最後預測**的內容，可根據出現的牌做出兩種解讀方式。至於要採用何種解釋，則取決於您當下的直覺而定。請按照您的感覺解讀。

Q1 | 請問您能找出問題的真正原因嗎？

現在依下列主題展開了V字形馬蹄鐵牌陣，請回答以下問題。

主題：該怎麼做才能擺脫自卑感？

例

請比較牌陣左右兩部分，寫下您所注意到的事。

出現兩張數字五的牌。有許多人物面朝右側的牌。時間軸全為正位，有兩張宮廷牌。出現太陽與月亮（寶劍二）的圖畫，是不是某種暗示？

①過去
太陽

②現在
錢幣侍者

③不久後的未來
寶劍王后

④建言
權杖五（逆）

⑤周遭的狀況
權杖六

⑥成為障礙的事物
聖杯五（逆）

⑦最後預測
寶劍二（逆）

請比較牌陣左右兩部分，寫下您所注意到的事。

Point
比較左右兩側的印象

在眺望完整體後，可以試著比較對左右兩側的印象。左側看起來有許多直立的人物，而右側則有寶劍、權杖、聖杯等各種花色散落各處。從這裡也可以推論出提問者身邊的狀況或許並不穩定，而被周遭的人折騰玩弄著。

試著分別解讀【時間×建言】與【環境、結果×建言】，並統整整體作結論。

【時間×建言】

①過去
太陽

②現在
錢幣侍者

③不久後的未來
寶劍王后

×

④建言
權杖五（逆）

【環境、結果×建言】

⑦最後預測
寶劍二（逆）

⑥成為障礙的事物
聖杯五（逆）

×

⑤周遭的狀況
權杖六

從【時間×建言】中得知的事情為何？

從【環境、結果×建言】中得知的事情為何？

從牌陣整體得知的問題原因與建言為何？

例

從【時間×建言】中得知的事情為何？

①、②、③全是正位，因此④只要不與人競爭，坦率地以高處為目標，似乎就能建立自信。

從【環境、結果×建言】中得知的事情為何？

④、⑤看見他人的成功時，自卑感很容易受到刺激。而⑥現實看多的結果，似乎會造成⑦想逃避現實。

從牌陣整體得知的問題原因與建言為何？

回想起自己其實擁有耀眼的才華，以自己的步調發揮自身的力量。應該就不至於過分悲觀，而能以客觀的角度看待自己。

Point
接受建言並將未來作兩種解讀

③「不久後的未來」與⑦「最後預測」兩者都是寶劍的女性牌，這點令人印象深刻。如果試著將⑦「最後預測」解讀成按照現狀發展的未來，③「不久後的未來」解讀成實踐了④建言後的結果，會如何呢？

LUA的解說

試著想像提問者的狀況，
解讀整體時會更加容易

如果在過去有著最佳狀況，之後的未來就會顯得朦朧不清。從左側的「過去」閃耀的〈太陽〉來看，才剛開始努力的「現在」的〈錢幣侍者〉，很容易令人感覺到不成熟的狀態。而在意識到提問者是在容易失去自信的狀況下提出疑問後，解讀時就能順利地將整體的故事串連起來。

解讀右側時，如同〈權杖六〉所象徵的，周遭存在才華洋溢的人物，或許就會如〈聖杯五（逆）〉所暗示的一般兀自感到沮喪也說不定。

而將這些訊息整合起來後提出的建言則是〈權杖五（逆）〉。只要不胡亂對周遭的人燃起競爭意識，就不會因為自卑感而感到沮喪。這麼一來，應該就不會如〈寶劍二（逆）〉那般陷入「自己很糟糕」這種眼界狹隘的狀況，而能像〈寶劍王后〉一樣看清未來並冷靜行動了。

⟨ 今天抽到的牌 ⟩

年　　　月　　　日（　　）	解釋：
占卜主題：	
大阿爾克那　　　　　　　正、逆	
小阿爾克那 W / P / S / C　　　　正、逆	
第一印象：	

━━━ 結果如何？ ━━━

滿意度 ☆ ☆ ☆ ☆ ☆

Day 13

以黃道十二宮占卜
全面運勢

藉由聚焦在主題上，
讓該確認的重點明確浮現

　　面對張數較多的牌陣時，如果試圖平均解讀每一張牌，反而容易產生分散焦點的答案。因此，為了練習如何挑選塔羅牌具特徵的部分解讀，就來挑戰黃道十二宮牌陣吧。所謂的黃道十二宮，指的是西方占星術中的星辰配置圖。這種將12張塔羅牌擺成一圈的牌陣，解讀方式有二，一種是分別將12張牌對應12個月分，以解讀當月運勢；另一種則是對應戀愛、工作等類別來解讀該主題的運勢。而第十三天的課程內容，就是練習第二種解讀方式。

　　如下方所列的①～⑫內容所示，這個牌陣共存在12種類別。想了解整體運勢時，可以依序解讀這12處，而在已經決定主題，例如「想了解戀愛運」時，則有該重點式解讀的位置。

　　如果是戀愛運就看⑤、⑦；財運就看②、⑧；工作運就看⑥、⑩；學習或旅行則看③、⑨；人際關係看④、⑪；了解自己則是①、⑫。將兩張牌組合在一起時，會拓展出何種意象呢？除此之外，若能找出圖案上的共通點，將資訊整理出來，解讀起來就會更加容易。

宮位的意義
①提問者、性格②金錢、所有物③知識、溝通④家庭、親戚⑤戀愛、娛樂⑥工作、健康⑦夥伴關係、婚姻⑧繼承事物、性愛⑨旅行、理想⑩職務、名譽⑪希望、夥伴⑫下意識、競爭對手⑬最後預測、建言

Q1 | 若想順利解讀張數較多的黃道十二宮，該怎麼做？

現在依下列主題展開了黃道十二宮牌陣，請圈選可能成為關鍵的塔羅牌、主題，並記錄您所注意到的事。

主題：我想了解現在的運勢，尤其是財運！

⑩職務、名譽
寶劍八

⑨旅行、理想
戀人

⑪希望、夥伴
權杖六

⑧繼承事物、
性愛
寶劍三
（逆）

⑫下意識、
競爭對手
月亮

①提問者、性格
錢幣八
（逆）

⑬最後預測、建言
聖杯王后

⑦夥伴關係、
婚姻
錢幣二
（逆）

②金錢、所有物
審判

③知識、溝通
權杖國王

④家庭、親戚
聖杯四

⑤戀愛、娛樂
錢幣一

⑥工作、健康
魔術師
（逆）

例

圓形構圖相似
（對財運感到不安？）

錢幣牌較多

Point
縱覽整體時，哪種花色的牌最多？

根據在四種花色當中出現最多的是哪一種，可以得知您特別重視的是戀愛、工作、財運、熱情中的哪個類別。如果錢幣牌較多，或許代表著您對財運較為關心。

LUA的塔羅牌獨見　錢幣九　雖然看似優雅，其實是勞碌命。以擔任馴鷹師維生。

請根據91頁的內容，解讀各類別的運勢，
並試著填入空格裡。

請根據91頁的內容

例

⑤

錢幣一

⑦

錢幣二
（逆）

接下來的戀愛運：
雖然會遇到有錢人，
但契合度差，
似乎沒有緣分。

⑤

錢幣一

⑦

錢幣二（逆）

接下來的戀愛運：

②

審判

⑧

寶劍三（逆）

接下來的財運：

③

權杖國王

⑨

戀人

接下來的學習運：

⑥

魔術師（逆）

⑩

寶劍八

接下來的工作運：

①

錢幣八（逆）

⑫

月亮

接下來的自己本身狀況：

④

聖杯四

⑪

權杖六

接下來的人際關係：

⑬

聖杯王后

最後預測、建言：

Point
用兩張牌輕鬆解讀運勢

比起用一張塔羅牌解讀，若有兩張牌就更好產生故事，解析起來會更加容易。想確認戀愛運、工作運，或是財運時，請分別組合起兩張牌的牌義，以自己的方式想像運勢。

LUA的解說

試著針對想了解的部分
重點式解析

在整體牌陣中，特別引人注意的是⑫的〈月亮〉與⑤的〈錢幣一〉。兩者牌面中都有明顯的圓形，可看出焦點在於金錢，請試著一邊意識到財運一邊解讀；出現在⑤位置的〈錢幣一〉暗示著戀情的起始，因為花色為錢幣，對象或許是有錢人。不過因為在⑦的位置顯示玩弄著兩枚錢幣，代表候選人可能有兩人；關於工作運，⑥、⑩兩者看起來似乎都很痛苦，但因為③、⑨都出現了強勁的正位牌，因此推薦學習某些事情，或投資在可以讓自己休息的旅行上；從④、⑪看來，人際關係上則是吉凶參半。

而關鍵的財運方面，要確認②與⑧。雖然顯示難以期待獲得些什麼，但〈審判〉暗示著遺忘在過去的錢財將會回到手邊；而⑬「最後預測、建言」為〈聖杯王后〉，可以解讀為與其節省，內心有餘裕施予他人更為重要。

今天抽到的牌

年　　　　月　　　　日（　　）	解釋：

占卜主題：

大阿爾克那　　　　　　　　　　正、逆

小阿爾克那
W / P / S / C　　　　　　　　正、逆

第一印象：

---結果如何？---

滿意度 ☆☆☆☆☆

Day 14

以心之聲
解決人際關係問題

養成確實確認每一張牌的習慣

聚焦重點解讀固然重要，但是也千萬不能忽略每一張塔羅牌。因此第十四天的課程內容，是利用能從各種角度分析人際關係問題的LUA的原創牌陣——心之聲來練習如何仔細解讀。

六芒星也很適合用來占卜契合度，不過心之聲更能仔細分析對象的心理。為了了解對象對於自己外在與內在的看法，重點在於每一張牌都必須認真解讀。

應該注意的是⑤對方的狀況、⑦提問者的狀況，在這牌陣中會清楚呈現出兩人之間的關聯。一看圖案就直覺做出判斷，想必會有更多吻合之處。

另一項特徵是③對提問者的印象（內在）、④對提問者的印象（外在）。關於對象對於自己的看法，能在此直截了當地獲得答案。話雖如此，並沒有半張塔羅牌的關鍵字描寫著「這種外表」的內容，因此，這時就要發揮在「今天抽到的牌」培養出來的想像力了。如果要以這張牌來比喻人的外表時，會如何形容呢？

心之聲牌陣中沒有任何多餘的牌，為了想像兩人之間的關聯，重點在於仔細解讀每一張牌。不僅如此，最後能得出「該怎麼做才能令關係變得更好？」這樣的結論，正是此牌陣的竅門。

Q1 | 若想仔細解讀每一張牌，該怎麼做？

現在依下列主題展開了心之聲牌陣，請回答以下問題。

主題：我最近在意起某個人，他對我有什麼看法？

請看著牌陣，寫下您所在意的事。

> 〈聖杯國王〉、〈女皇〉、〈聖杯一〉，與戀愛相關的牌全是逆位。

請從關鍵字或牌面圖畫，來解讀④「對提問者的印象（外在）」。

> 正視現實地思考並採取行動的人。外在令人想實際交往看看？

⑤對方的狀況
權杖八（逆）

①現在
吊人

⑦提問者的狀況
寶劍騎士

③對提問者的印象（內在）
權杖七（逆）

④對提問者的印象（外在）
聖杯七（逆）

⑧建言
聖杯一（逆）

⑥對方的期望
女皇（逆）

②不久後的未來
聖杯國王（逆）

請看著牌陣，寫下您所在意的事。

請從關鍵字或牌面圖畫，來解讀④「對提問者的印象（外在）」。

> KEYWORD:
> 夢境

逆位解釋

為了實現夢想而下決定

Point
從塔羅牌想像實際人物的訣竅

想從塔羅牌聯想到人類的外表或許是件難事，不過請隨心所欲地想像看看。比如說〈聖杯七（逆）〉就是「毫無迷惘，喜歡的類型」、「服裝品味很好」、「有一項格外具有魅力之處」等。試著舉出身邊形象相似的人作比喻也很不錯。

請根據95頁的內容，將牌一張張解讀後填入空格裡。

例

①現在
吊人

目前兩人之間處於何種狀況：

②不久後的未來
聖杯國王（逆）

今後兩人之間將會處於何種狀況：

①現在
吊人

目前兩人之間處於何種狀況：

　　無法接近彼此
　　的狀態。

③對提問者的印象
（內在）
權杖七（逆）

對方對提問者內在的想法：

④對提問者的印象
（外在）
聖杯七（逆）

對方對提問者外在的想法：

②不久後的
未來
聖杯國王（逆）

今後兩人之間將會處於何種狀況：

　　流於情感影響
　　而迷失自我。

⑤對方的狀況
權杖八（逆）

目前對方處於何種狀況：

⑥對方的期望
女皇（逆）

對方對提問者的期望：

Point
就像看圖說故事般一張張解讀

只要一張一張地解讀塔羅牌，就能看見兩人之間的故事。尤其是③「對提問者的印象（內在）」，就是造成目前情況的契機，而⑥「對方的期望」則多會呈現解決問題的提示，請試著仔細解讀看看。

⑦提問者的狀況
寶劍騎士

目前提問者本身處於何種狀況：

⑧建言
聖杯一（逆）

關於這個問題，需要注意的事：

LUA的解說

將登場人物視為主角，把整體當作戲劇內容

請試著將心之聲牌陣整體當作戲劇內容來解讀看看。

代表①置身的狀況的牌是〈吊人〉，暗示著有些情況妨礙了進展；而⑦「提問者的狀況」與⑤「對方的狀況」，看起來像不像是〈寶劍騎士〉在追趕著逃跑的〈權杖八（逆）〉呢？

對方對提問者外在的印象為〈聖杯七（逆）〉，由於逆位代表的是「察覺真正的價值」，看來是認為提問者擁有某些過人之處；只不過，對內在的看法則是〈權杖七（逆）〉，顯得相當混亂，或許是認為不清楚提問者在想些什麼而感到不信任。話雖如此，心之聲的下半部分出現的是〈女皇〉、〈聖杯一〉、〈聖杯國王〉等與戀愛相關的牌，這點是優點。由於全都是逆位狀態，如果想將其轉變成正位的意義，似乎得如⑧「建言」所提的，需要更坦率地表達自己的好感才行。

今天抽到的牌

年　　　月　　　日（　　）	解釋：
占卜主題：	
大阿爾克那　　　　　　　　　　正、逆	
小阿爾克那 W / P / S / C　　　　　　正、逆	
第一印象：	

─── 結果如何？ ───

滿意度 ☆☆☆☆☆

LUA的塔羅牌獨見 　錢幣騎士　由於沉穩而強大，感覺像是搭乘著曳引機等大型機器的農民。

The 3rd Week

迴避解析時的障礙

雖然翻開了牌，卻為之語塞，
得不出貼切的答案⋯⋯
就來練習如何跨越這道障壁吧。

一旦將本週課程融會貫通⋯⋯

☑ 將能明確掌握每一張牌的牌義差異

☑ 將能做出精準的解析

☑ 將不會再有無法解讀的牌

本週的學習內容

跨越「自以為懂得解讀」，
做出精準解析

　　明明已經記住牌義，也將牌陣融會貫通了，為什麼還是無法讀懂牌義呢？第三週的課程是練習如何迴避這類障礙。本週的重點在於意識到自己是「自以為懂得解讀」的情況。只聯想得到固定的關鍵字，難以區分相似的塔羅牌而曖昧地解讀，這樣下去，或許會因為陷入千篇一律的狀態而放棄塔羅牌。

　　只要掌握了訣竅，就能輕而易舉地排除這類障礙。藉由每一天跨越一項障礙，應該就能輕易感受到自己的進步才是。敬請細細品嚐這份理解了原以為難解的牌陣或牌義後的喜悅。

第三週行程表

Day 15

高明地解讀逆位

若能將牌義與圖案兩種解讀方式融會貫通，就能順利解讀

　　展開的牌面上下顛倒的情況稱作「逆位」。由於解讀時是將原本的牌義扭曲呈現的狀態，因此一旦出現了逆位牌，或許會令人感到沮喪而想放棄吧；或許也會對於該怎麼將涵義作反面解讀而感到不知所措，突然搞不懂該如何解釋。

　　因此也有許多人不採納逆位牌義，但考慮到「牌面出現顛倒」這個事實本身也有其意義在，直接無視實在太過可惜了。

　　因此第十五天的課程內容，就是練習如何順利讀懂逆位牌。

　　在解讀逆位牌時的基礎規則有二。第一個方法是以正位的意義為基礎，掌握牌義是如何產生扭曲的。請試著依以下幾種變化版本思考：①出現牌義完全相反的情況、②出現牌義變得消極負面的情況、③出現未達牌義的情況。

　　另一個方法則是透過凝視顛倒的牌面，簡單地拓展意象。這部分是第一眼的印象就是一切。

　　第一種方法可說是從詞彙思考，而第二種方法是從牌面圖案直覺地獲得靈感。並沒有哪一種比較好，或哪一種比較差。您可以根據當下情況，或是判斷自己擅長與否來適當地運用。

Q1 | 請問您能否從牌義來解釋逆位？

請依照三種解讀模式來思考下列塔羅牌的逆位牌義。

審判

[KEYWORD:
解放]

① 解讀成出現牌義完全相反的情況時：

② 解讀成出現牌義變得消極負面的情況時：

③ 解讀成出現未達牌義的情況時：

 例

① 解讀成出現牌義完全相反的情況時：

> 受到過去束縛
> 而維持沉睡

② 解讀成出現牌義變得消極負面的情況時：

> 再次發生麻煩、
> 期望之外的重逢

③ 解讀成出現未達牌義的情況時：

> 看似有機會
> 卻遲遲沒出現

Point
進一步拓展變化

① 只要試著想像反義詞，應該就更容易理解；② 則可試著想像成牌義雖然實現，卻朝著負面狀況發展、事與願違；③ 的情況可以試想成想實現牌義的力量不足，或是時機不夠成熟，這麼一來就會比較容易浮現詞彙。

Q2 | 請問您能否從牌面圖案來解釋逆位？

請試著僅透過從上下顛倒的牌面圖案中接收到的意象來解讀逆位，而不受關鍵字或Q1的解釋影響。

太陽（逆）

錢幣一（逆）

權杖七（逆）

 例

太陽（逆）

在毒辣的陽光從下方曝照下，隱藏的事物遭到揭發。馬匹看起來似乎失去了活力。

Point

看起來像是如何？珍惜這份印象

原本應該高掛天空綻放光芒的〈太陽〉掉落在地上時，會給人何種印象呢？〈錢幣一〉如果顛倒過來，看起來反而像是在試圖守護錢幣免於某些事物襲擊；而原本位於高處，在戰鬥中處於優勢的〈權杖七〉一旦顛倒，看起來就像是正遭到驅趕似的。

解讀的訣竅在於不受牌義束縛，而是從第一眼的印象來拓展想像。

別排斥逆位，
反而應該視為一大提示

在 Q1 中，以三種解讀方式來解釋牌義時，根據採用的是①～③當中的何者，可能會使得意義變得完全相反。此外，①～③的解釋不過是其中一種例子，此外還可以解釋成「牌義過於強烈而失控」、「牌義並未確實呈現」等。只要思考「對自己來說，出現逆位牌最為貼切的原因為何」，應該就能明白對您而言的正確答案是什麼了。

如 Q2 這樣擴展意象的方法，很容易幫助連結提問內容並編織出故事，因此很建議一開始先採用這個方法。

逆位雖然容易被討厭，卻也是簡單明瞭地表現出問題的重要提示。或許也可以解讀成「只要讓出現逆位的牌回到正位狀態，問題就會解決」，倒不如說，可以試著將逆位牌視為重點。

今天抽到的牌

年　　　月　　　日（　　）

占卜主題：

大阿爾克那
　　　　　　　　　正、逆

小阿爾克那
W / P / S / C　　　正、逆

第一印象：

解釋：

――― 結果如何？ ―――

滿意度 ☆☆☆☆☆

Day 16

活用建言牌

只要「加抽」牌，
就能解讀到最後

「雖然解讀了牌陣的九成，卻有一張無論如何都解讀不出來，令人煩悶。」、「看了占卜結果後，反而湧現了新的疑問。」您有沒有遇過這樣的經驗呢？如果因為解讀不出來就將其無視或重新占卜，反而可能會令人感到更混亂。在這種時候，您該做的事並非「重抽」，而是「加抽」建言牌。

加抽的時機大致上可分為三種。第一種是「針對整體的建言」：這時是為了實現期望的未來，而加抽建言牌以尋求綜合性的建議。主要用在二選一或凱爾特十字等沒有「建言」位置的牌陣上；第二種是「想獲得解析用的提示時」：在解讀牌陣時，如果出現感覺無法解釋的牌時，就可加抽牌以獲得提示；第三種是「若是有想要進一步了解的內容時」：在得出結果後，如果有想要進一步了解的事情時，就可以加抽牌。

至於加抽牌時不得超過幾張，這點並沒有明文規定，只要能讓自己一定程度地整理好想了解的事情即可。

在第十六天的課程內容中，首先要來解讀牌陣，再根據結果進一步解讀三種建言牌。

解讀建言牌的訣竅，在於尋找與牌陣裡的牌之間的共同點。藉由緊密結合建言牌與牌陣，應該能讓意象變得更加具體，並獲得更多提示。

Q1 | 請問您能否因應結果，適當地運用建言牌？

現在依下列主題展開了六芒星牌陣，請一邊看著牌陣，
一邊回答以下問題。

主題：即將跳槽的公司與我的契合度如何？

⑥
提問者的
心情
**聖杯七
（逆）**

⑤
對方的
心情
權杖騎士

①過去
權杖八

⑦
最後預測
教皇

②現在
戰車

③
不久後的
未來
聖杯六

④建言
聖杯騎士

例

請看著牌陣，寫下您所
在意的事或主題。

> 花色淨是權杖與聖
> 杯。逆位較少，出
> 現在最後預測的牌
> 是大阿爾克那，因
> 此整體給人積極正
> 向的印象。

請看著牌陣，寫下您所在意的事或主題。

Point
注意塔羅牌的強弱與花色！

這次牌陣中的重點在於
花色傾向聖杯與權杖，
以及出現了大阿爾克
那。此外，甚至出現了
兩張宮廷牌，這點也相
當特別。其中究竟含有
何種意義呢？

根據105頁的內容，加抽了三張建言牌。請一邊尋找建言牌與牌陣之間的共同點，並加以解釋。

建言牌①
「我不知道在不久後的未來出現聖杯六的原因，想進一步詳細了解。」

權杖六

建言牌②「我想進一步知道新公司的人際關係會如何。」

太陽

建言牌③「我想再詢問一項整體建議。」

高塔（逆）

例

建言牌①「我不知道在不久後的未來出現聖杯六的原因，想進一步詳細了解。」

權杖六

今後似乎能做出結果並獲得稱讚。聖杯六與其說是「過去」，或許其實是「獲得某些事物」的意思。

Point

印證？抑或是新建議？

即使是原本就配置了建言的牌陣，也可以加抽針對整體的建議。而抽出的牌有時會印證先前出現的建言，有時也會提示盲點。

LUA的解說

在確實掌握想了解什麼內容後，
才加抽建言牌

加抽建言牌對於解讀牌陣來說很有幫助。即使只是下意識加抽，有時也會出現能直指解析盲點的牌。

不過，基本上必須先確實掌握自己想了解的內容。如果未經思索地加抽好幾張牌，反而可能會令您陷入混亂，並讓占卜本身就在含糊不清的情況下結束。此外，也請注意別做出「如果加抽出正面意義的牌，就表示未來

光明」之類依自己方便的解釋。

尋找建言牌與牌陣裡的牌之間的共同點，也是很重要的。建言牌①〈權杖六〉的權杖牌有出現在牌陣裡；而建言牌②〈太陽〉與牌陣裡的騎士牌也同樣出現了馬匹，這似乎強調著強而有力的發展——請試著注意像這樣出現在構圖、花色或數字上的共同點。

今天抽到的牌

年　　　月　　　日（　　）

占卜主題：

大阿爾克那
　　　　　　　　　　　　　正、逆

小阿爾克那
W / P / S / C　　　　　　　正、逆

第一印象：

解釋：

---- 結果如何？ ----

滿意度 ☆ ☆ ☆ ☆ ☆

Day 17

提升提問能力
以引出精確答案

一旦明確掌握自己想要如何，
問題也會隨之定下

第十七天的課程內容，是為了提升提問能力而學習如何濃縮想占卜的主題，並練習怎麼選擇牌陣。順利的話，有時甚至不需要用塔羅牌占卜，煩惱就能迎刃而解。

其實所謂的塔羅牌占卜，有八成的答案會根據提出怎樣的問題而定。人類的煩惱十分複雜，幾乎都是由各式各樣的因素錯綜複雜地交雜在一起。占卜戀愛問題時，想了解的是對方的想法？戀情無法順利進展的原因？還是今後邂逅的時機呢……即使隨手抽了牌，也只會得到些模稜兩可的答案。出乎意料地，即使自己認為「想這麼做」，但進一步深入思考後，卻會發現「其實並非如此」、「自己只是在思考不採取行動的藉口罷了」的事實。可能是誤解了自己的真正想法，或是並未注意到謊言，這些都是在替別人占卜時需要特別注意的事。

一旦確認自己想怎麼做之後，就能設定出「我想了解關於這件事的內容」這樣明確的問題。

此外，也需要根據問題來選擇牌陣。請試想您所想得知的事情是屬於「所處的現況」、「人的心情（包括自己）」、「契合度」、「原因」、「建言」和「運勢（現在、過去、未來）」以上六種之中的哪一種。再根據是想獲得簡單的答案，還是想仔細占卜來決定張數後，選擇適合的牌陣。

Q1 | 請問您能否針對問題，適當地設定問題？

請閱讀某篇關於自身煩惱的範例文章，並回答問題。

例

　　我現在正在談戀愛。對象是我的客戶，算是有地位的人，對方也很喜歡我，託他的福，我的工作也進展得出奇順利。

　　我們從幾個月前起就會一起用餐，假日也會一起外出。但直到最近，他才告知我已有妻兒的事實，令我大受打擊……

　　雖然明白自己應該跟對方分手，卻因為無法捨棄對他的心意，也擔心對工作造成影響，令我遲遲無法說出口。

根據上述煩惱，能設定怎樣的問題、占卜主題呢？請將想到的內容盡量寫下來。

根據上述煩惱，能設定怎樣的問題、占卜主題呢？請將想到的內容盡量寫下來。

・他期望今後發展成何種關係？
・今後將會如何發展呢？
・如果分手，會對工作有負面影響嗎？

・我想知道該怎麼做才能妥善地分手！

Point
看穿並未察覺的真正想法

以範例的情況來說，戀愛與工作問題複雜地交雜在一起。首先需要看穿提問者究竟想怎麼做。她為什麼會認為應該分手？「○○比較好」、「應該○○」、「一定是○○沒錯」這類話語的背後，常會藏有當事人的臆測、常識或周遭人們的意見，因此得仔細分析梳理。

Q2 | 請問您知道該選用哪種牌陣來占卜嗎?

請將您所擁有的煩惱寫在下方。
試著盡可能地詳細描述狀況或相關人物等內容。

 例

> 原本感情要好的鄰居,態度突然變得冷淡。我們最後一次交談,是在當地舉辦的慶典上。雖然認為當時沒有發生問題……但我是不是做錯了什麼事?如果可以,希望能回到以前那樣開心地聊天!

請針對上述煩惱,勾選您想了解內容的項目。

☑ 我想得知對方的心情
☑ 我想得知原因、理由
☑ 我想獲得建言

請根據上述勾選內容,寫下適合您想得知項目的牌陣。(可複選)

> 六芒星

請針對上述煩惱,勾選您想了解內容的項目。

☐ 我想得知所處的現況 ☐ 我想獲得建言
☐ 我想得知對方的心情 ☐ 我想知悉運勢
☐ 我想整理自己的心情 　　(現在、過去、未來)
☐ 我想得知彼此的契合度 ☐ 我想以較少張數簡單地獲得答案
☐ 我想得知原因、理由 ☐ 我想以較多張數仔細占卜

請根據上述勾選內容,寫下適合您想得知項目的牌陣。(可複選)

Point

選擇適合問題的牌陣

牌陣各有其擅長對應的領域。凱爾特十字及心之聲對應「人的心情」;六芒星對應「契合度」;時間之流及V字形馬蹄鐵對應「原因與建言」;時間之流及黃道十二宮對應「運勢(現在、過去、未來)」。而單張牌最為萬能,可對應任何問題;如果想比較選項時,就使用二選一。

LUA的解說

抽牌前的自問自答
已經屬於占卜了

各位應該已經明白,一項煩惱可以延伸出無限個問題。根據切入的角度而定,獲得的答案也會隨之改變。該如何提問,則取決於提問者的判斷力。請反覆自我分析,試著探究更適當的問題。

雖然也有人說過同一個問題只能占卜一次,但實際上未必如此。因為煩惱自己與單戀對象之間的關係,而用六芒星占卜目前的契合度;接著又用凱爾特十字深究自己在戀愛上的自卑情結為何;進一步再用時間之流占卜接近對方的機會何時到來⋯⋯像這樣針對一項煩惱,變換牌陣從各種角度來占卜也是沒有問題的。

倒不如說,反而可以藉此深入解析,比如說能敏銳靈活地分析,或甚至會因為在不同牌陣中出現同一張牌,而產生新的觀點。

今天抽到的牌

年 月 日 ( )	解釋:

占卜主題:

大阿爾克那　　　　　　　　　　　正、逆

小阿爾克那
W / P / S / C　　　　　　　正、逆

第一印象:

――結果如何?――

滿意度 ☆☆☆☆☆

Day 18

將「目前的自己牌」運用自如

目前的狀況也會反映在占卜答案上

在占卜某些事情時，考慮到提問者處於何種狀況是很重要的。當提問者心情沮喪時，無論是提問、解釋或從中獲得的結果，都容易變得負面消極。這時就是「目前的自己牌」派上用場的時候。在展開牌陣前，可預先從78張牌中抽出一張，這張牌就代表著提問者的狀態。

內容呈現的是情緒、所處狀況，還是願望，可以邊看著牌面邊進行自我分析，也可以一邊解牌，一邊確認其中的關聯。

「目前的自己牌」的優點，在於能夠藉此客觀自我審視。人類有時會連自己的事情都搞不清楚。即使以為自己很健康，其實身受重傷；或是嘴上說著並不想要，內心想法卻並非如此。很多時候，人們是透過塔羅牌才能看清自己真正的心情，而解析內容也會隨著這樣的結果大為改變。

有的牌陣中也會配置「提問者的態度」等，代表自己目前狀況的牌。這種時候就可以分開解讀，將「目前的自己牌」視為提問者的整體狀況，而「提問者的態度」則視為面對問題的方式。

第十八天的課程內容，學習的是如何抽取「目前的自己牌」，以及如何將其活用在解析當中。

Q1 | 請問「目前的自己牌」表現出的，是您目前的哪個面向？

請從您的塔羅牌裡抽出一張「目前的自己牌」，
並寫下抽出的牌名。

> 目前的自己牌：

抽出的牌與「目前的自己」之間有何共同點？請從下方項目中，圈選
認為符合的詞句。並請試著思考這張塔羅牌與目前的自己之間有何具
體的共同點。

符合的詞句為何者？

> 目前自己的情緒　/　目前所處的狀況　/　目前的表情或姿勢
> /　目前所穿的服裝　/　目前面臨的問題　/　目前在自己附
> 近的事物　/　目前想要的事物、願望　/　對某人的想法　/
> 目前所畏懼的事物
> 其他：

為什麼這麼想？跟抽到的牌之間的具體共同點為何？

請試著以此為基礎，分析自己的狀態。

例

> 目前的自己牌：
> 聖杯四

符合的詞句為何者？

> 目前自己的情緒／目
> 前所處的狀況／目前
> 的表情或姿勢／目前
> 所穿的服裝／目前面
> 臨的問題／目前在自
> 己附近的事物／目前
> 想要的事物、願望／
> 對某人的想法／目前
> 所畏懼的事物

為什麼這麼想？跟抽到
的牌之間的具體共同點
為何？

> 總覺得聖杯四的鬱
> 悶感很符合自己目
> 前的心境。

請試著以此為基礎，分
析自己的狀態。

> 「有沒有什麼好事
> 呢？」這種期待周遭
> 的人為自己做些什麼
> 的被動狀態。

Point

使用目前的自己牌，重要的是直覺

確認「目前的自己牌」
呈現出何種內容時，請
將看了牌面後第一時間
湧上心頭的感覺視為最
優先。將感覺「跟目前
的自己很像！」的事情
寫下來，接著再從牌義
尋找共同點。

Q2 | 請問您能否將「目前的自己牌」運用在解析上？

現在依下列主題抽了「目前的自己牌」，並展開了二選一牌陣，請一邊看著牌陣，一邊回答以下問題。

主題：我有兩個感到在意的對象，我應該跟A還是B發展關係？

①選項A
A
錢幣騎士
（逆）

②選項B
B
權杖四

目前的自己牌
世界

③提問者的態度
惡魔

請寫下您能從「目前的自己牌」與「提問者的態度」讀取到的內容。

（空白作答框）

如果是您，會根據「目前的自己牌」提供何種建言？

（空白作答框）

 例

請寫下您能從「目前的自己牌」與「提問者的態度」讀取到的內容。

> 提問者目前整體而言是感到滿足，擁有自信的狀態。內心萌生「無論是哪一個人，都能讓對方屬於自己」的想法。

如果是您，會根據「目前的自己牌」提供何種建言？

> 如果選擇A，因為他個性謹慎，感覺進展會很慢，欲求不滿；如果選擇B，雖然在一起的可能性高，但會顯得平穩缺乏刺激。感覺會敗給〈惡魔〉的誘惑而腳踏兩條船。因為現在的狀況很好，要不要考慮尋找其他對象？

Point
塔羅牌的張力差異也是重要提示

在「目前的自己牌」的牌很好，但「提問者的態度」的牌不佳的情況，可以解讀成整體狀況雖然好，但針對這個問題卻顯得消極，或是心懷抗拒；而「目前的自己牌」的牌不太好，但「提問者的態度」的牌很好的情況，則可以解讀成雖然處境艱難，卻能在這個問題上尋求希望。

LUA的解說

以「目前的自己牌」
為中心連接牌陣

藉由引進「目前的自己牌」，可以看穿提問者的真心話與表面話，並掌握面對問題的方式等。更方便的是，還能在展開牌陣之際，協助您更容易找到提示。

如果在哪個位置出現與「目前的自己牌」同樣花色或數字的牌，就可以解讀成提問者對這方面內容感興趣或關心。此外，如果「目前的自己牌」呈現逆位，就可以解讀成只要該張牌變

成正位，在牌陣中呈現逆位的其他牌也會隨之回到正位；換言之，就是只要解決自己的問題，未來就會朝著好的方向改變。

藉由將「目前的自己牌」視為主角，可更容易與其他牌之間建立關聯。

「目前的自己牌」是連結「自己」與「牌陣」之間的橋樑。請您也務必運用在自己的解析上。

今天抽到的牌

年　　　　月　　　　日（　　　）	解釋：
占卜主題：	
大阿爾克那　　　　　　　　正、逆	
小阿爾克那 W／P／S／C　　　　正、逆	
第一印象：	

結果如何？

滿意度 ☆☆☆☆☆

Day 19

將塔羅牌應用在
任何問題上

透過聯想遊戲，
增加能運用的詞彙種類

　　如果在占卜戀愛主題中出現了〈戀人〉牌，各位一定會解讀成這份戀情會順利發展吧。那麼，如果在占卜工作主題時出現〈戀人〉牌時呢？您是不是被〈戀人〉所具備的戀愛形象所限制，而無法做出適當的詮釋？倘若塔羅牌本身所具備的形象不符合占卜主題時，就常會發生突然不知如何解讀的情況。這麼一來，就很容易覺得「不準」、「摸不著頭緒」而放棄塔羅牌。

　　第十九天的課程內容，是練習如何除去這類對塔羅牌的刻板印象。訣竅是回想起您在第一週學過的內容，並非受牌義束縛，而是從牌面圖案來拓展想像，這麼做的話，就常會因此蹦出意想不到的詞彙。

　　占卜工作時，如果出現了舉杯歡慶的〈聖杯三〉？這張牌的關鍵字雖是「共鳴」，但從牌面圖案上，或許能獲得「舉辦聯誼酒席，加深友好關係很重要」這樣的具體提示。

　　此外，也很建議用類似聯想遊戲的方式，從一個詞彙來拓展意象。比如說如果是〈戀人〉，就會聯想到「心靈相通」、「約定」、「吃醋」、「糾纏玩鬧」、「約會邀請」、「展現自我」、「愉快的時光」、「對未來不感不安」等，這些延伸聯想到的詞彙，應該也有些能應用在戀愛之外的問題上。此外，您會將戀愛視為「甜美的事物」，還是「能給予刺激的事物」？根據您對戀愛抱持著何種價值觀，隨之聯想到的詞彙應該也會截然不同。

Q1 | 請問在占卜工作運時出現〈戀人〉牌，該如何解讀？

請將能從〈戀人〉一詞聯想到的詞彙寫下來，並加以延伸聯想，想到多少就寫多少。接著，再將似乎適合用在占卜工作運上的詞彙做記號。

戀人

現在依下列主題以單張牌占卜，抽出了〈戀人〉牌。請寫下您的解釋。

戀人

主題：該怎麼做才能提升工作業績？

例

★夥伴

★達成交涉

打得火熱

★合得來

好朋友

戀人

Point

重視速度，在3秒鐘內聯想

聯想關鍵字的重點在於一句話。引出更多詞彙的訣竅，在於不假思索地寫下當下閃過腦中的詞句。

Q2 | 如果出現感覺不準的牌的時候請問會怎麼做？

請試著解釋占卜主題與塔羅牌形象相異的情況。解讀依下列主題抽了單張牌的結果。

主題：該怎麼做才能讓意中人認為自己「可愛」？

 例

模式1
寶劍九

並排的寶劍看起來很像橫條紋，穿著休閒服飾似乎能提升好感度。從摀著臉的姿勢判斷，即使裝扮偏中性，態度還是略顯害羞或許比較好。

模式1
寶劍九

模式2
隱士

模式3
死神

Point
深入鑽研塔羅牌思考形象

當占卜主題與塔羅牌形象相距甚遠，就很容易令人感覺不準確。「可愛」想必很難跟〈寶劍九〉、〈隱士〉、〈死神〉聯想在一起。這種時候，可以試著思考「這張牌所具備的可愛的一面為何？」，〈隱士〉謙遜拘謹的態度或許顯得有些可愛。注意圖畫中的細節也是一招，如〈死神〉的骸骨就浮現了神祕的笑容。

愈是難以解讀時，
愈能獲得接近核心的答案！

各位學會如何從牌面圖案及詞彙拓展聯想，與問題相結合了嗎？

之所以會覺得出現的牌「不準」，有可能是因為您已經事先在心中預設好答案，認為「一定會出現這樣的牌」，或是「這麼做應該是正確的」。

容易解讀的牌不脫假設範圍，而難以跨越想像的高牆。因此也無法獲得令人眼睛一亮的創新答案。

換言之，愈是感覺到「不準」、「難以解讀」，就愈是察覺自身盲點、獲得有益提示的好機會！請幹勁十足地嘗試解讀「這張牌究竟想表達什麼？」吧。

只要在感覺塔羅牌不準的時候沒有直接放棄，而是全力面對，努力練習到最後，相信您將會大幅提升在日常生活中解決問題的能力。

∽ 今天抽到的牌 ∾

年	月	日（ ）	解釋：

占卜主題：

大阿爾克那
　　　　　　　　　　　正、逆

小阿爾克那
W / P / S / C　　　　正、逆

第一印象：

── 結果如何？ ──

滿意度 ☆☆☆☆☆

Day 20

注意差異，
加深對塔羅牌的理解

只要整理出有何差異，
就不會再感到迷惘

在第二十天的課程內容中，將要練習整理擁有類似形象的塔羅牌，並重新理解。

正如我在第五天時解說過的，在78張大小阿爾克那之中，存在主題或構圖相似，或是牌義相似的牌。接下來不只是找出共同點，而是更進一步學會用自己的話語來說明其中有何差異吧。比如說，〈正義〉與〈審判〉兩者都帶有審判的形象，但您能說明兩者的牌義有何差異嗎？〈權杖二〉與〈權杖三〉兩者都繪製了眺望遠方的男性，兩人的心境究竟有何不同呢？〈寶劍六〉與〈聖杯八〉兩者都繪製了離開之人的背影，兩者間又有何相異之處呢？

這類塔羅牌很容易令人下意識地混為一談。因為很容易流於大同小異的解釋，使得答案變得模稜兩可，而導致解析內容令人摸不著頭緒。

重點在於並非靠關鍵字死背牌義差異，而是一邊看著塔羅牌，一邊動腦理解「這裡雖然相同，但這裡不一樣」。

在這種時候，圖案也能作為提示。首先請試著找出相似的部分、共同的主題。接著，只要找出明顯不同的部分、每一張牌中獨具特徵的地方，就會更容易整理出牌義有何差異了。

Q1 | 請問您如何區分兩張塔羅牌的特徵？

請分別寫出下列兩張塔羅牌的共同點與相異點。

女祭司
[KEYWORD:
精神性]

寶劍二
[KEYWORD:
糾葛]

共同點為何？

牌面圖案上：	牌義上：

相異點為何？

牌面圖案上：	牌義上：

例

共同點為何？

> 牌面圖案上：
> 兩者都繪製了月亮。
> 中央都有
> 一名女性。
>
> 牌義上：
> 代表智慧的寶劍與
> 司掌智慧的女祭司。
> 兩者都是編號二。

相異點為何？

> 牌面圖案上：
> 女祭司的眼睛是
> 張開的，寶劍二的
> 眼睛則被矇住。
>
> 牌義上：
> 女祭司試圖看清真
> 相，而寶劍二則對
> 問題視而不見。

Point

請試著俯瞰牌面整體

〈女祭司〉與〈寶劍二〉同為一名身穿白色服裝的女性端坐正中央，構圖十分相似，兩者間的哪裡大為不同呢？筆直豎立的柱子與傾斜的寶劍顯得十分引人曯目。不僅是牌面構圖，也請注意表情、背景、配件及整體色調。相較於黑白分明的〈女祭司〉，〈寶劍二〉則呈現灰暗朦朧的印象。

請參考121頁的Q1，說明下列相似塔羅牌在牌義上的差異。

皇帝

錢幣四

例

皇帝

錢幣四

兩者似乎都在守護著某些事物。皇帝的規模較大，或許甚至不惜一戰；而錢幣四與其說是守護，更像是緊抓著目前擁有的事物不放。

聖杯二

聖杯六

Point
找出共同點後，注意其中差異

由於〈皇帝〉與〈錢幣四〉兩者都是編號「四」的塔羅牌，主題為「穩定」。而兩者在呈現「穩定」上有何差異呢？此外，男女以聖杯為中心相對的〈聖杯二〉與〈聖杯六〉的構圖也十分相似。如果說主題為「彼此心意相通」，該如何考量牌中人物的年紀或背景上的差異才好？請以共同點為主軸，找出相異之處。

若能區分差異，
就能獲得更為具體的答案

只要搞清楚形象相似的塔羅牌之間的差異，就能感覺到詮釋的內容一口氣變得有深度。如果除了在課程內容所提及的塔羅牌之外，還有其他「感覺很像而難以解讀」的牌，建議可以事先整理在筆記本上。

比如說，被插了十把劍的〈寶劍十〉與〈死神〉牌所顯示的「結束」有何差異？繪製感嘆的人的〈聖杯五〉與〈寶劍九〉之間的悲傷有何不同？描繪了幸福家庭的〈錢幣十〉與〈聖杯十〉當中的幸福有何相異之處？試著思考這類事情也很不錯。

對於平時就習慣深入思考事情的人來說，這份作業的難度應該不會太高。如果覺得困難，也很推薦從日常生活中就增加觀察人類的機會。這麼一來，您就會發現即使是「悲傷」一種情緒，也有著各式各樣的類型。

今天抽到的牌

年　　　　月　　　　日（　　　）　　　解釋：

占卜主題：

大阿爾克那
　　　　　　　　　　　　正、逆

小阿爾克那
W / P / S / C　　　　　　正、逆

第一印象：

─── 結果如何？ ───

滿意度 ☆☆☆☆☆

LUA的塔羅牌獨見　寶劍侍者　以左腳為軸心轉動身體的音樂盒娃娃。也有著風向儀的一面。

Day 21

解讀時別被牌陣的配置束縛

如果出現了感覺不準的牌，就改變觀點

第二十一天的課程內容，是配合牌陣的位置，練習如何透過各式各樣的觀點來解讀塔羅牌。

明明想跟感到在意的他在一起，卻在「期望」位置出現了〈死神〉；在最近感覺跟伴侶之間的關係變得僵化時，竟在「障礙」位置出現了〈節制〉……像這樣，在「期望」位置出現壞牌，或在「障礙」位置出現了好牌時，想必會懷疑占卜是否失準？而感到不安。正是在這種時候，才更需要深入解釋。

以上述範例來看，在「期望」位置出現〈死神〉時，可以解讀成與其說是「希望跟他在一起」，不如說是「希望這份難受的心情能快點結束」這樣的心情更勝一籌；而在「障礙」位置出現了〈節制〉的情況，也能解讀為「無論是好是壞，都過於接受彼此，導致沒了刺激」。當在「障礙」出現了好牌時，只要在牌義後方加上「過於〇〇」的詞彙，就會變得容易解讀；而在「建言」位置出現壞牌的情況，則並非代表「應該做壞事」，而是解讀成「必須引以為戒，不能變成這樣」比較正確。另一種訣竅就是加上「在好的意義上應該〇〇」。如果在發生過討厭事情的「過去」位置出現好牌，就請試著換個方式解讀成「客觀來說，是幸運的情況」。

即使出現了難以解釋的牌，也別武斷地認為不準，請試著改變觀點看看。就察覺自己意料之外的真心話或死角上這點來說，可說是相當重要。

Q1 | 請問您如何解讀建言與障礙？

現在依下列主題展開了V字形馬蹄鐵牌陣，請一邊看著牌陣，一邊重點式地解讀建言與障礙。

主題：想擁有能持續堅持減重的精神力。

①過去
聖杯八

⑦最後預測
教皇（逆）

例

②現在
錢幣一（逆）

⑥成為障礙
的事物
星星

建言
寶劍九

您的解釋：
　或許可以解讀成
「因為沒有充足睡眠，
睡覺是很重要的」。

③不久後的未來
寶劍六（逆）

⑤周遭的狀況
權杖一

④建言
寶劍九

建言
寶劍九

您的解釋：

Point
拋開好牌、壞牌這種先入為主的成見

請想成世界上並不存在100％正面意義的牌，也沒有100％負面意義的牌。即使是好事也會適得其反，原本認為是壞事的情況也可能會在某處產生益處。請拋開「無法把好牌解成負面意義」這種死心眼的想法吧。

成為障礙
的事物
星星

您的解釋：

Q2 | 請問您如何解讀潛意識與期望？

現在依下列主題展開了凱爾特十字牌陣，請一邊看著牌陣，一邊重點式地解讀潛意識與期望。

主題：最近會毫無理由地感到煩悶，想要排除這種感覺。

例

為什麼會在④提問者的潛意識出現〈世界〉？

> 或許因為過於滿足，
> 導致自己處於想獲得
> 刺激的狀態？

②成為障礙的事物
戰車

③提問者的表意識（思考的事）
聖杯四

⑩最後預測
聖杯一

⑥不久後的未來
審判

①提問者的狀況
權杖二（逆）

⑤過去
權杖五

⑨提問者的期望
寶劍十

④提問者的潛意識（感覺到的事）
世界

⑧周遭的狀況
權杖六

為什麼會在④提問者的潛意識出現〈世界〉？

⑦提問者所處的立場
錢幣八

為什麼⑨提問者的期望會是〈寶劍十〉？

Point
並不期望的事情出現在「期望」上？

有時比起「希望變成這樣」，在「希望不要變成這樣」的意念較強時，就可能會出現負面意義的牌。此外，有時其實是在內心的某個角落期待著這樣的情況發生，因此請別果斷認定「我才沒有期待這種事！」

LUA的解說

請試著懷疑覺得
占卜不準的自己

或許有人會在今天的課程中察覺，會認為塔羅牌占卜中「在這個位置出現意料之外的牌」，其實是解讀者先入為主的成見。實際上，出現不符合的牌的情況幾乎不會發生。

若能將乍看之下失準的牌解讀到自己能接受的程度，並切身感覺到「塔羅牌正是因為這個意思才會出現在這個位置」的話，就是您能確實面對並解析的證據。這麼一來，解讀能力就能確實地提升。

我也很推薦練習從好牌中尋找負面部分，比如說「〈聖杯十〉雖然幸福，卻有點和平過了頭而缺乏危機意識的感覺」；或是從壞牌中尋找正面部分，比如說「〈高塔〉是為了變好而必須的革命」等。

若能將每一張牌同時應用於正面積極與負面消極的面向上，相信無論哪張牌出現在哪個位置，您都能順利解讀。

今天抽到的牌

年 月 日（ ）	解釋：

占卜主題：

大阿爾克那　　　　　　　　　正、逆

小阿爾克那
W／P／S／C　　　　　　正、逆

第一印象：

━━ 結果如何？ ━━

滿意度 ☆ ☆ ☆ ☆ ☆

The 4th Week

以自己的風格解析

只要學會專屬於自己的解讀方式，
就能獲得符合狀況的具體答案。
第四週就以符合自己風格的解析為目標。

一旦將本週課程融會貫通……

☑ 將不會再受到文本侷限

☑ 將能把塔羅牌串成連續故事來解讀

☑ 將能以自己的話語來表現解析內容

本週的學習內容

鍛鍊直覺、轉換、詞彙，
以做出自己風格的解讀為目標

　　當看了牌面，發現內容與自己的狀況十分符合，並導出了具體的答案時，就會感覺塔羅牌是準確的。而這是光靠背誦關鍵字所無法辦到的。為了獲得具體答案，關鍵將在於獨自的解讀方式。

　　在最後一週將完成的課程，是至今為止所學習的，自己風格的解析所需的直覺、轉換與詞彙。將看了塔羅牌後直覺感受到的事物作為解讀材料，以塔羅牌呈現日常生活中所發生的事情，或是以自己的話語來表現塔羅牌。透過學習這週課程，相信無論出現了哪一張牌，都能視為專屬自己的狀況來解讀。

第四週行程表

Day 22

以故事串連排出的
塔羅牌

自然地連接多張卡片的圖案
和涵義並解讀

　　第二十二天的課程，是想像兩張塔羅牌之間在交談，並試著練習從牌的組合來創作故事。

　　大部分的塔羅牌上都繪製著人類。請試著想像看看，如果牌面上的人物相遇了，可能會聊些什麼？可能會發生什麼事呢？

　　為此您所需要的，是能讓牌中人物在腦中場景裡隨心所欲地行動的想像力。由於塔羅牌的圖案是以中世紀歐洲為舞臺，或許感覺難以想像，因此您可以試著想像「如果將塔羅牌的舞臺搬到現代，這些人會變成怎樣的角色呢？」。

　　個性一絲不苟的〈女祭司〉與態度從容的〈女皇〉如果是同班同學，會產生怎樣的故事呢？像這樣將兩人替換成身邊的人物來想像也不錯。

　　只要進行這項練習，解析牌陣的能力就會一口氣提升。這是因為串起複數塔羅牌來找出故事的做法，與想像、解讀牌陣中的牌之間的關聯，兩者的過程是相通的。

　　戀愛、工作、友情、家庭……會用塔羅牌占卜的煩惱大多與人相關。或許甚至可以說一切煩惱都能以「人際關係」一語道盡。而愈是為人際關係所煩惱的人，應該愈能透過這項練習做出更深入的解析才是。

Q1 | 請問如果並排的塔羅牌在交談，會聊什麼？

請想像下列組合會針對指定的主題交談怎樣的內容，
並在對話框裡寫下臺詞。

主題：求婚

聖杯國王 　×　 錢幣王后

主題：處於離婚邊緣的兩人

皇帝（逆） 　×　 女皇（逆）

 主題：求婚

> 妳就是我的性命，
> 今後能不能也跟
> 我一同步上人生
> 旅程？

聖杯國王

> 我雖然不才，
> 這輩子還要請你
> 多多指教了。

錢幣王后

Point
讓我們試著確認兩者是否「契合」

比如說，活潑的人與文靜的人是好朋友；個性相似的人容易吵架。這會讓人感覺「這兩人很合得來（合不來）」吧。請試著在塔羅牌上挑戰判斷同樣的事。拿起塔羅牌，像玩紙娃娃一樣讓它們交談，就會更容易想像。

Q2 | 請問宮廷牌之間可能會誕生 怎樣的故事？

請試著想像這兩人相遇時可能會發生的故事，並寫下大綱。

錢幣國王

×

聖杯王后

教皇

×

惡魔

例

錢幣國王　聖杯王后

聖杯王后是個最喜歡浪漫事物的二十幾歲粉領族。
她的座右銘是「全心全意地工作」。
她的上司錢幣國王雖然沉默寡言，但認真的工作態度獲得好評。
國王被王后的溫柔體貼所吸引，開始暗戀起她來。
而纖弱的王后也對可靠的國王心生好感……

Point
思考時別受時代背景或服裝所拘束

這項練習最重要的訣竅，是別受塔羅牌的中世紀世界觀所束縛，在思考故事不去考慮國籍或時代。要想像成戀愛、喜劇、科幻、懸疑故事都是您的自由！請試著作各種設定來思考。

LUA的解說

接觸許多故事是
提升解讀能力的關鍵

　　所謂的解析，是串連起展開的牌創作故事的行為。今天的練習目的可說是鍛鍊基礎的解析能力。

　　話雖如此，由於眾多塔羅牌上都繪製了人物，要將所有牌都設定成登場人物來思考故事，其實十分辛苦。因此重點在於請以審視圖案時，特別有感覺的牌作為主軸，也就是將其作為主角。

　　請試著替換塔羅牌用各種組合進行這項練習。這麼一來，您應該會逐漸感覺到在展開牌陣之際，自己的解析能力有所提升。

　　訣竅在於日常生活中就盡量接觸電影、漫畫等各式各樣的故事。試著將塔羅牌套入看過的作品，或許也是一種不錯的練習方式。只要透過這樣日積月累地練習，就不僅只於列出關鍵字，而能做出將整體串連起來的解讀了。

⤜ 今天抽到的牌 ⤛

年　　　　月　　　　日（　　）

解釋：
....

占卜主題：
....

大阿爾克那
　　　　　　　　　　　　正、逆

小阿爾克那
W ／ P ／ S ／ C　　　　正、逆

第一印象：
....

....

—— 結果如何？ ——

滿意度 ☆ ☆ ☆ ☆ ☆

Day 23

藉由接觸其他塔羅牌
以擺脫千篇一律

只要換個圖案，
就能獲得全新靈感

　　第二十三天的課程內容將會作個實驗，看看如果使用偉特塔羅以外的塔羅牌，產生的意象會有何差異。

　　一旦習慣了塔羅牌，詮釋變得千篇一律也是沒有辦法的。即使抽了牌，浮現在腦海裡的詞彙都差不多，剛開始時那種靈光乍現的感覺變得薄弱許多。

　　這個世界上有好幾千款塔羅牌在市面上流通。以動物為主題的牌、如漫畫般逗趣的牌、配置了神祕象徵符號的牌等等，款式豐富。

　　在本書中所使用的「偉特塔羅」是全世界最為普及的塔羅牌。由於細膩的符號幫助我們更容易地拓展意象，連小阿爾克那都以圖畫方式呈現，因此很推薦使用偉特塔羅來入門。但這並不表示其他塔羅牌是錯誤或不正統的。

　　比如說〈惡魔〉就存在著獨特的惡魔、正經的惡魔、頹廢而美麗的惡魔……分別反映出藝術家的世界觀，有多少創作者，應該就有多少版本的〈惡魔〉存在。藉由接觸其他人的價值觀，或許會將〈惡魔〉解讀成「所表現出來的欲望絕非邪惡，對於略微壓抑自我的人來說，這其實是表現出心情上解放的好牌」也說不定。

　　如果覺得最近無論占卜什麼內容都有些制式化，或許也可試試購買新的塔羅牌。按照用途分別使用不同的牌應該也是不錯的方法。

Q1 | 請問您能從圖案的差異產生別種意象嗎？

即使是同一張牌，如果圖案不同，意象會產生怎樣的改變呢？
請寫下您自己的意象。

異教徒貓咪塔羅牌
力量

> 從這張圖畫接收到的「戀愛」意象：
>
> 成年的貓在玩弄著幼犬般，稱心如意地掌握主導權的戀愛。

主題：戀愛

偉特塔羅
力量

異教徒貓咪塔羅牌
力量

小熊軟糖塔羅牌
力量

從這張圖畫接收到的
「戀愛」意象：

從這張圖畫接收到的
「戀愛」意象：

Point
圖案不同，
看法也會隨之改變

暖心風格「小熊軟糖塔羅牌」的〈力量〉，看起來就像軟糖小熊正想掰開體型比自己龐大的獅子的嘴。在主題為戀愛時，這種牌面究竟意謂著什麼？
而「異教徒貓咪塔羅牌」的〈力量〉，為美麗的白貓正用尾巴引誘著類似鬆獅狗的小型犬。從這樣的牌面，會拓展出何種意象呢？

請根據135頁的內容，一樣以偉特塔羅以外版本的塔羅牌圖案，帶入人物性格或工作來拓展意象。

偉特塔羅
錢幣騎士

家庭主婦塔羅牌
錢幣騎士

人物性格：

個性認真，任何事都必須確實做完才會罷休的類型。興趣是週末園藝。

工作：

從草地被修剪成漂亮的圓形來看，工作能毫無失誤地進展。由於身穿整齊的西裝，也帶有商務禮儀的意象。

家庭主婦塔羅牌
錢幣騎士

人物性格：

工作：

殭屍塔羅牌
錢幣騎士

人物性格：

工作：

Point
角色的差異也能清楚呈現

「家庭主婦塔羅牌」的〈錢幣騎士〉繪製的是一名身穿正式西裝，正操作著割草機的男性。從這裡可以產生「好爸爸」或「妻管嚴」的形象。相對地，「殭屍塔羅牌」繪製的則是開車撞上街燈的男性。或許可以解讀成「關鍵時刻卻動彈不得的人」。

LUA的解說

使用的塔羅牌擁有自己喜歡的世界觀，就更容易拓展意象

塔羅牌中既存在著如「小熊軟糖塔羅牌」般，雖然改變主要角色或細微主題，整體構圖仍模仿偉特塔羅的款式；也存在著如「家庭主婦塔羅牌」般，構圖及意象都截然不同的款式。

前者的牌義與偉特塔羅沒有太大差距，但僅是稍微改變圖案，就能更容易浮現不同的靈感；而從後者身上獲得的答案則可能會大為改變。在這種情況下，如果是自己感興趣的世界觀，想像也能變得更加具體。

如果身為家庭主婦，在看到「家庭主婦塔羅牌」的〈錢幣騎士〉穿著西裝在割草時，可能會做出「丈夫雖然認真，但為我做的事情總是不得要領」這種獨特的解釋。

請您也務必試著尋找擁有自己喜愛世界觀的塔羅牌。

今天抽到的牌

年　　　月　　　日（　　）　　　　解釋：

占卜主題：

大阿爾克那
正、逆

小阿爾克那
W / P / S / C　　　　正、逆

第一印象：

—— 結果如何？ ——

滿意度 ☆☆☆☆☆

Day 24

試著將塔羅牌
比喻為諺語或童話

藉由比喻，
能提升以自己的詮釋表現的能力

即使理解牌義，也無法順利地化為言語，說出的語彙因此變得單調——如果有這樣的障礙，就來練習如何增加詞彙的抽屜吧。

第二十四天的課程內容，是練習如何將塔羅牌比喻為諺語或成語。這與其說是占卜，或許更像在上國文課，但豐富的詞彙能力在塔羅牌上也是不可或缺的。就算能隨心所欲地盡情拓展意象，若是無法用正確的詞彙來換句話說，也無法導出令人信服的結果。

尤其在替人鑑定時，必須以簡潔易懂的話語來傳達內容，自然希望能先將各種詞彙運用自如。因此請各位從平時就吸收各式各樣的表現或措辭，鍛鍊塔羅牌的「語文能力」。

而在提升「語文能力」這方面，創作故事的能力也是不可或缺的。將牌陣中的牌義串成一個故事，對不少人來說都是一項難事。

在這時候，不如試著反過來將塔羅牌帶入原本就已經存在的故事裡。藉由練習將塔羅牌比喻為灰姑娘的故事，掌握將塔羅牌串成故事的感覺。

塔羅牌所呈現的運勢分為過去、現在、未來、最後結果與重點，而若能掌握想像牌與牌之間的故事，能力更會大為提升。

Q1 | 請問您如何試著將塔羅牌以各式各樣的詞彙呈現？

請列出符合下列諺語、成語的塔羅牌名稱，
並寫下這麼認為的原因。

「喜愛生巧」　解釋：喜歡的事物進步就會很快。
塔羅牌名（　　　　　　　　　　　　　　　　　　）

> 原因：

「塞翁失馬」　解釋：人的吉凶是難以預測的。
塔羅牌名（　　　　　　　　　　　　　　　　　　）

> 原因：

「前途似錦」　解釋：未來有如錦繡般充滿希望的狀態。
塔羅牌名（　　　　　　　　　　　　　　　　　　）

> 原因：

例

「喜愛生巧」解釋：
喜歡的事物進步
就會很快。

塔羅牌名（　錢幣八　）

> 原因：
> 因為看到專心工作的
> 男性，感覺到正因為
> 喜歡而投入心力去
> 做，才能磨練技術。

請試著將下列塔羅牌比喻為諺語或成語。

月亮

Point

**試著換個簡單易懂的
詞彙來描述**

塔羅牌與諺語這種措辭
含蓄的表達方式，契合
度出乎意料地高。如同
「喜愛生巧」是「只要是
愈喜歡的事物，就會進
步得愈快」一樣，若能
簡單易懂地換句話說，
或許就更容易比喻。

Q2 | 請問如果將塔羅牌比作 知名童話會如何？

請在空格裡寫下符合童話《灰姑娘》起承轉合的塔羅牌。

起

失去母親的灰姑娘被繼母及姊姊欺負，雖然拚命工作，還是無法參加舞會。

塔羅牌名（　　　　　　　）

原因：

承

灰姑娘被現身的魔法師變成美麗的模樣，前往舞會。

塔羅牌名（　　　　　　　）

原因：

轉

灰姑娘在舞會上與憧憬的王子殿下共舞。聽見十二點整的鐘聲響起，她逃了回去。玻璃鞋在半路上掉落，王子尋找著鞋子的主人。

塔羅牌名（　　　　　　　）

原因：

合

得知玻璃鞋的失主是灰姑娘，王子跟她結了婚。灰姑娘從此過著幸福快樂的日子。

塔羅牌名（　　　　　　　）

原因：

請找出最適合代表下列童話的那張塔羅牌。

《賣火柴的少女》

塔羅牌名（　　　　　　　　　　　　　　　　　　　）

原因：

《國王的新衣》

塔羅牌名（　　　　　　　　　　　　　　　　　　　）

原因：

例

失去母親的灰姑娘被繼母及姊姊欺負，雖然拚命工作，還是無法參加舞會。

塔羅牌名（　寶劍三　）

原因：
心臟被寶劍插著的模樣，彷彿表現出灰姑娘的悲傷。

《賣火柴的少女》

塔羅牌名（　聖杯七　）

理由
因為雲上的寶物，看起來就像點燃火柴時浮現的幻影。

Point

導出故事的重點

以故事中的何種事物作為題材是很重要的。比如說，在選擇「起」的塔羅牌時，整理出來的重點有「失去母親」、「受到欺負」、「不能參加舞會」。根據如何、以哪個重點為焦點，就能得知該選哪張牌。

LUA的解說

找出結合牌義的詞彙或場景

您學會如何將塔羅牌與故事相結合了嗎？為了覺得很困難的人，再來介紹幾個回答範例。

從「塞翁失馬」的吉凶無法預測聯想到〈愚者〉，或是從命運的惡作劇這個形象似乎可以聯想到〈命運之輪〉；而「前途似錦」則能從前途光明的意義上聯想到〈權杖三〉；由於「月亮」代表著曖昧不明的狀態，或許也能用「五里霧中」來表現。

故事簡短、起承轉合明確的童話，是很適合用來練習塔羅牌的方便材料。應該也能練習將登場人物比作宮廷牌。

試著預測當灰姑娘去不了舞會，傷心流淚時，如果用塔羅牌占卜的話，可能會是怎樣的結果，也能幫助您愉快地提升解析技巧。而刻意站在壞心的姊姊或王子的立場來進行同樣的預測，似乎也挺有意思的。

今天抽到的牌

年　　月　　日（　　）　　　解釋：

占卜主題：

大阿爾克那　　　　　　　　正、逆

小阿爾克那
W / P / S / C　　　　　　正、逆

第一印象：

結果如何？

滿意度 ☆☆☆☆☆

Day 25

解牌時結合流行或最新話題

使用符合現代的表達方式，讓解析也能變得具體

　　第二十五天的課程內容，是試著挑戰符合您生活方式的原創詮釋。要從圖案還是牌義來聯想都沒有問題。

　　塔羅牌其中一項有趣之處，就是雖然是誕生於中世紀歐洲的產物，卻甚至能用來占卜最新的話題或流行趨勢。您可以將塔羅牌帶入現代才有的景物，比如說〈權杖騎士〉的馬匹是「汽車」；〈權杖十〉是「超過數據用量」；〈權杖侍者〉是「戶外慶典的工作人員」等。進一步說，若能將塔羅牌以流行語或全新概念來表現，比如說〈正義〉是「工作與生活的平衡」；〈星星〉是「夜間泳池」等，詮釋的幅度也能大為擴展。

　　當以「他最近為什麼不聯絡我？」這項主題來占卜對方的心情時，若是出現〈權杖十〉，一般會解讀成「提問者的愛情過於沉重，令人感到厭煩」吧？不過，如果切換成「超過數據用量」這個角度，就能解讀成「搞不好他的手機到月底都無法使用……」了。請以圖案或牌義為基礎，培育符合現代的詮釋。

　　正因為是各式各樣的技術、文化與概念發達的現代，將這類要素納入解析當中，更能提升占卜的精準度。請務必以靈活的想像力嘗試看看。

Q1 | 請問您能做出專屬於自己的詮釋嗎？

請按照賦予下列塔羅牌的主題來解讀。

主題：網際網路

隱士

您的解釋：

寶劍七

您的解釋：

 例

隱士

您的解釋：

數位落差。遠離塵世
而居的隱士，看起來
就像一個跟不上網際
網路進步的人。

主題：結婚活動

月亮

您的解釋：

寶劍四

您的解釋：

Point
注意每個主題
及關鍵字

在範例中，雖然從這幅
與世隔絕而居的老人的
圖畫，解讀出「數位落
差」，但從隔絕這點，
也可以解釋成「收不到
訊號的地點」。而關鍵
字為「尋求」，可能也
暗示著「沉迷於網路的
人」。請試著將其組合
起來變成「網路、尋
求」、或「網路、沒有人
煙」解讀看看。

在您的興趣當中，您認為下列塔羅牌代表著何種場景？

您的興趣：

節制

錢幣二

您的解釋：

您的解釋：

請試著隨心所欲地將下列塔羅牌用網路用語、商業術語、流行趨勢、運動、時尚等身邊的題材來比喻。

戰車

權杖三

您的解釋：

您的解釋：

例

您的興趣：
　　烹飪

節制

您的解釋：

天使混合杯中的水的模樣，看起來很像混合調味料時的步驟。

戰車

您的解釋：

從華麗的服裝與戰鬥的形象，令人聯想到職業摔角。

Point
從各種角度尋找相似的部分

「因為興趣是運動，所以跟〈節制〉之間似乎完全沒有共通點……」會這樣想的人也別輕易放棄。如果換個角度，比如說補給水分或跟健身房夥伴交談等等，一定會湧現意象的。

LUA的解說

找出現實中的表現方式
以做出更精確的解讀

各位在今天的課程中，是否大幅提升以自己的風格詮釋的能力了？如果您會覺得「原來塔羅牌如此自由啊」，就表示您跟塔羅牌熟稔許多了；而如果您還是覺得很困難，請別在意牌義，而是先練習單從圖案的印象來尋找相似之處。

「〈世界〉四個角落的聖獸看起來就像社群軟體的頭像」、「〈女皇〉身穿的禮服花色，看起來像是奶油蛋糕」等，像這樣僅聚焦於一部分主題上也是可以的。

此外，也很推薦參考其他人的詮釋方式，或試著詢問不懂塔羅牌的朋友，牌面看起來像什麼圖畫。

這麼一來，就能不僅只是掌握文本中的關鍵字，還能藉由引進現代話題，讓自己的解析變得更加具體。畢竟如果任何占卜都只是按照文本來解讀，或許也太可惜了呢。

今天抽到的牌

年　　　月　　　日（　　）　　　解釋：

占卜主題：

大阿爾克那　　　　　　　　　正、逆

小阿爾克那
W / P / S / C　　　　　　　正、逆

第一印象：

結果如何？

滿意度 ☆☆☆☆☆

Day 26

試著將日常生活
比喻為塔羅牌

將塔羅牌與日常經驗相結合，
以提升表現力

　　在塔羅牌占卜上，如何解讀事件比會出現哪張牌更為重要。這是因為如果僅將注意力放在牌義的好壞上，反而會無法得出具體答案，使得占卜失去意義。

　　不過，單是練習如何將塔羅牌轉換解讀為事件，也難以產生「塔羅牌真的是指這件事」的實際感覺。因此，就反過來試試「將事件帶入塔羅牌的練習」吧。

　　比如說，如果被上司稱讚就是〈錢幣三〉；家族團圓，愉快地生活則是〈聖杯十〉等，試著將令人印象深刻的事件比作塔羅牌。

　　第二十六天的課程內容，是練習如何將範例文章的日記比喻為塔羅牌。如果是感覺重要的事件就是大阿爾克那，複雜的事件則是逆位牌等，請試著帶入您感覺符合的塔羅牌。此外也有從過去的實際經驗聯想塔羅牌的練習，請試著用塔羅牌呈現曾經體驗過的事情。

　　即使在課程結束後，也請務必繼續練習如何將體驗轉換成塔羅牌，比如說「今天工作的進展方式是〈寶劍騎士〉啊」等。這麼一來，您對塔羅牌的詮釋方式就會隨著人生經驗愈發豐富。藉由將塔羅牌與日常生活中的事件緊密結合，也能更容易獲得更加具體的答案。

Q1 | 請問您能將多少日常生活的內容轉換為塔羅牌？

下列文章是A先生的日記。請在似乎能以塔羅牌表現的句子下方劃線，並寫下適合的塔羅牌及原因。

由於今天有重要的會議，我特地早起做好準

備。卻遇到電車誤點，甚至還發生有人身體

不適在我面前昏倒的情況，讓我這輩子頭一

次叫了救護車。真是一團混亂的早晨。雖然

會議稍微遲到，但在我說明原委後，對方也

能夠諒解。會議的進展順利得驚人，也統整

出好點子，真是太好了。我本來打算直接回家，

但在同事的邀請下去喝了一杯。結果聊著彼

此的戀愛話題，氣氛非常熱烈，真是愉快！

例

由於今天
有重要的會議，

節制
因為有溝通。

我特地早起做好準備。

權杖九
因為有做準備
的意思。

Point
帶入的塔羅牌會隨著注意的地方而改變

以「重要的會議」這句話來看，注意的如果是「重要」，或許會聯想到〈命運之輪〉；不過，注意的如果是「會議」，也能聯想到〈節制〉吧。就像這樣，帶入的塔羅牌會根據著眼點而改變。您所注意的地方是哪裡呢？

Q2 | 請問哪張塔羅牌符合您的經驗？

例

請寫下您最近感到開心的事情，並試著思考哪張塔羅牌貼近這件事，以及這麼認為的原因。

> 感到開心的事情：

認為貼近這件事的塔羅牌是（　　　　　　　　　　　　　　　　）

請寫下選擇這張牌的原因。

>

請一邊意識著塔羅牌的圖案與牌義，寫下在您至今為止的經驗中，感覺到貼近〈審判〉的事件。

> 事件：

什麼方面符合〈審判〉？

>

感到開心的事情：

我所崇拜的隔壁部門前輩在發土產時，甚至來發給我們部門，令我非常開心！

認為貼近這件事的塔羅牌是（錢幣六）請寫下選擇這張牌的原因。

因為中間正在施捨的男性，身影看起來跟發土產的前輩重疊。

事件：

在心情沮喪時，收到了通知我抽到演唱會門票的電子郵件，讓我一口氣恢復了精神。

什麼方面符合〈審判〉？

通知收到電子郵件的聲響是天使的小號。我則是在牌面下方的人，感覺自己彷彿復活了。

Point

從「復活」或「解放」聯想到的事情為何？

〈審判〉給人壯闊的印象，不過也能帶入身邊的事物中。您有沒有遇過原本以為結束的事情又重啟、耗費長時間準備的事情終於順利進展的經驗？那正是〈審判〉。

LUA的解說

在候選的塔羅牌中，
最為符合的是哪張？

各位是否靠著將日常生活比喻為塔羅牌，對塔羅牌有更進一步的理解了呢？有時候會認為「只有這張塔羅牌能代表這件事！」，也可能會遇到有好幾張候選牌的情況吧？在遇到複數張牌的情況下，思考究竟何者最能真實體現那件事，能夠鍛鍊精準解析的能力。

只用「很開心」這樣的一句話來表現一件好事是很容易的，然而，獲得成功時的喜悅，與在平凡日常生活中感覺到的喜悅並不相同吧。光是如此，聯想到的牌也會隨之改變。要提升塔羅牌能力，所需要的是整理「發生了什麼事、是怎麼樣的開心？」。如果能輕鬆地浮現「這份經驗與其說是〈審判〉，更貼近〈命運之輪〉」等想法，在實際占卜時就更容易解讀出現的牌究竟有何暗示了。

今天抽到的牌

年　　　月　　　日（　　）	解釋：
占卜主題：	
大阿爾克那　　　　　　　正、逆	
小阿爾克那 W／P／S／C　　　　　正、逆	
第一印象：	

結果如何？

滿意度 ☆☆☆☆☆

Day 27

就連直覺
也能精準解讀

進行能立刻將感受到的事物
表達出來的訓練

只能按照文本解讀塔羅牌、解釋時耗費太多時間——有個練習方式推薦給有著這類煩惱的人，那就是如同交談一般，將問題接二連三地拋給塔羅牌。

手拿著整疊塔羅牌，提出簡單的問題後抽一張牌，並在三秒以內開口說出自己看了牌面後的感受。如此一來，就能在您動腦思考「文本上說的是……」之前先一步解析了。

一旦解讀完第一張牌後，就再次拋出從那張牌上感覺到的問題，接著再抽一張牌……反覆進行這樣的流程。重點在於不去在意是否符合文本中的意思，總之就是將感受化為言語。藉由將感受實際說出口，就更容易掌握將塔羅牌化為言語的感覺。一開始只要能挑戰10張左右即可。

在習慣到一定程度後，也可以挑戰連續以直覺解讀22張大阿爾克那加上小阿爾克那，共78張塔羅牌的「單張牌完整版」。

一開始您或許會覺得這是看不見終點的練習，不過隨著練習，腦中浮現話語的速度就會愈來愈快，而能短時間完成78張牌。

由於練習時可能會閃現今後能派上用場的關鍵字，或是有趣的提問切入點，因此建議準備錄音機等器材把聲音錄下來。

今天的課程內容，就來練習單張牌完整版吧。

Q1 | 請問無論出現何種牌，您都能在三秒以內回答嗎？

請在第一個空格裡寫下您的煩惱，並依序看著塔羅牌，
在三秒以內寫下您看到牌後的感受。

您的煩惱：

皇帝（逆）

寶劍三

星星

 例

您的煩惱：

總覺得男友
最近有些冷淡……
該怎麼做才好？

皇帝（逆）

意思是他的內心沒有
餘裕嗎？

Point

不要害怕改變主題

重要的是鍛鍊直覺，要
在三秒以內想像。隨著
塔羅牌一一展開，也有
可能會逐漸從一開始的
主題轉成其他話題。在
單張牌完整版的練習
中，這樣是沒有問題的。

接續152頁

LUA的塔羅牌獨見 聖杯侍者 一名男公關。一直說著「來來來，再喝一杯！」地拚命勸著酒。

權杖王后

寶劍四

聖杯二

錢幣九（逆）

請寫下最後察覺到的事情、感受。

權杖王后

真想成為能發揮自身魅力的女性啊～

寶劍四

意思是魅力目前正在沉睡嗎!?

Point

盡可能地接續回答，不要停滯

比起解析的意義是否正確，更重要的是盡可能地接續寫下想法，不要停滯。即使內容異想天開也無妨。

LUA的解說

發掘以言語表現直覺感

對於認為「塔羅牌占卜是侷限於一個主題，並以固定張數占卜」的人來說，單張牌完整版或許相當新鮮。在沒有決定牌陣或占卜主題的狀態下，接連翻牌找出答案，是非常能鍛鍊直覺的做法。

此外，應該也有人隨著過程進行，主題也朝著意想不到的方向改變吧。有時還會出現自己平時不太會說的話語。像這種無法預測的部分，以及發現自己全新面向的部分，都是這項練習的有趣之處。

今天的課程只是單張牌完整版的一部分，請各位務必以全部的78張塔羅牌來挑戰，掌握與牌對話的感覺。如果能全面地接觸78張牌，也能提升解讀到最後的能力，而不會輕易放棄。

今天抽到的牌

年　　　　月　　　　日（　　　）

占卜主題：

大阿爾克那
　　　　　　　　　　　正、逆

小阿爾克那
W / P / S / C　　　　正、逆

第一印象：

解釋：

結果如何？

滿意度 ☆☆☆☆☆

LUA的塔羅牌獨見 聖杯騎士　就像跟蹤狂。自我陶醉，不認為自身行為會造成別人的困擾。

Day 28

試著驗證以前
占卜過的事

藉由回顧，
可學習到許多事物

　　我請各位在至今為止的二十七天，實踐了「今天抽到的牌」。想必會有覺得「完全說中了！」的日子，也有「差強人意」的日子吧。第二十八天的課程內容，就來回顧至今為止的「今天抽到的牌」。當下認為「不準」的塔羅牌，在隔了一段時間、能力提升的現在，或許能導出截然不同的答案。

　　首先，想請各位確認自己的問題是否顯得曖昧不清？即使獲得的答案看似未必準確符合問題，但或許其實呈現出了該問題的另一個面向；此外，也要確認自己是否依自己方便做出了解釋，一旦懷著「希望如此」的想法，就只會注意到符合該方向的部分；而只解讀塔羅牌的粗略形象時，也很容易陷入詮釋千篇一律的情況。

　　有些事物或許正是因為過了一段時間才能意識到。能否從圖案上拓展其他意象？結果與塔羅牌之間有沒有什麼關聯？也推薦各位試著思考這些問題。

　　並非以塔羅牌占卜未來，而是將已經發生的事情帶入塔羅牌的作業，或許會令人覺得這對於占卜毫無意義。不過，實踐「今天抽到的牌」的目的，與其說是準確占卜，更重要的是提升解析能力。這會成為學習「這張牌也能這樣解釋」的教材，只要仔細回顧，就能確實地掌握能力。

Q1 | 請問隔了一段時間後，您能夠重新詮釋嗎？

請寫下在至今為止的「今天抽到的牌」中，滿意度低的日子。並一邊確認「詮釋檢核表」，試著重新驗證當天的結果。

占卜主題：

年　　　月　　　日（　　）

出現的塔羅牌：

詮釋檢核表

☐ 提問方式是否曖昧不清？　　　　　　☐ 有沒有能與實際結果相結合的要素？
☐ 是否做出依自己方便的解釋？　　　　☐ 是否只解讀塔羅牌的粗略形象？
☐ 能否將圖案主題比喻成其他事物？　　☐ 能否將塔羅牌的世界轉換成現代場景？

重新解釋、發現的內容等。

 例

2020 年 *XX* 月 *XX* 日（五）

占卜主題：

> 今天公司的喝酒聚會
> 會如何？

出現的塔羅牌：

> 權杖十

重新解釋、發現的內容等。

> 原本的解讀是「被上司或前輩施壓
> 很疲憊」，結果卻聊得很愉快，是
> 塔羅牌不準嗎？不過現在回想起
> 來，塔羅牌或許是在告訴我「喝太
> 多了很痛苦」……

Point
找出與其他事件的連結

如同範例所示，塔羅牌可能會呈現截然不同的另一個面向，可以捨棄之前的答案，重新尋找符合塔羅牌的點。

LUA的塔羅牌獨見　聖杯王后　做 SPA 的人。正泡著足湯，手拿飲料，並思考著接下來要點些什麼？

占卜主題：

年　　　月　　　日（　　　）

出現的塔羅牌：

解釋檢核表

□ 提問方式是否曖昧不清？　　　　□ 有沒有能與實際結果相結合的要素？
□ 是否做出依自己方便的解釋？　　□ 是否只解讀塔羅牌的粗略形象？
□ 能否將圖案主題比喻成其他事物？　□ 能否將塔羅牌的世界轉換成現代場景？

重新解釋、發現的內容等。

占卜主題：

年　　　月　　　日（　　　）

出現的塔羅牌：

解釋檢核表

□ 提問方式是否曖昧不清？　　　　□ 有沒有能與實際結果相結合的要素？
□ 是否做出依自己方便的解釋？　　□ 是否只解讀塔羅牌的粗略形象？
□ 能否將圖案主題比喻成其他事物？　□ 能否將塔羅牌的世界轉換成現代場景？

重新解釋、發現的內容等。

LUA的解說

藉由客觀驗證
來了解自己的習慣

回顧這項作業的好處，在於能夠客觀地看待解析內容。您應該能藉此看出自己的習慣或傾向，比如說過度拘泥牌義、從圖案拓展意象時過於跳躍、詮釋容易偏向負面消極等。這將會成為察覺「原來自己很容易這樣解讀啊」的契機。

另一項優點是更容易記住塔羅牌。愈是將塔羅牌與實際體驗相結合，就愈容易留存在記憶裡。比如說，如果曾經有過在占卜是否有訪客時，出現的是代表「迅速」的〈權杖八〉，結果在幾分鐘後，大門的門鈴就響起了的經驗。這麼一來，當占卜其他問題出現〈權杖八〉時，您就會回想起「是當時的那張牌！」並能夠解釋成「正在接近當中」了。

今後也請各位勤快地回顧占卜結果，相信您的解析能力一定能夠顯著提升。

今天抽到的牌

年　　　月　　　日（　　）　　　　　解釋：

占卜主題：

大阿爾克那　　　　　　　　　　正、逆

小阿爾克那
W / P / S / C　　　　　　　　　正、逆

第一印象：

─── 結果如何？ ───

滿意度 ☆☆☆☆☆

LUA的塔羅牌獨見　聖杯國王　泳池的監視員。杯子其實是用來提醒游泳的人的擴音器。

給四週以來貫徹到底的您⋯⋯

請藉著將塔羅牌運用自如，
來品味多采多姿的人生

　　辛苦各位了。結束四週的課程後，各位與塔羅牌之間的關係是否變得親密了呢？

　　有沒有發現，這本書已經成為世界上唯一一本專屬於您的塔羅牌文本了？請不只一次，而是試著一而再再而三地複習課程內容。有沒有即使是同樣的問題，卻得出與之前不同答案的情況？這就是您的解析技能提升的最好證據。

　　人生中的一個月或許僅是短短的一瞬間，不過，在實踐課程的這二十八天中，一定加強了您與塔羅牌之間的連繫。

　　有時候，您可能會遇到決心動搖、得不出答案的日子。也可能會遭遇無法解決煩惱、被迫接受他人的選擇。這種時候，就請試著運用塔羅牌來反映自己的內心，如果是現在的您，應該能明白怎麼做可以導出答案才是。

　　您是否已經透過課程察覺到了？無論任何煩惱都存在著可能性，而答案也並非只有一個。您的選擇並沒有錯誤，有的只是後悔下決定或否定自己。重要的是，無論任何結果都加以接受，並將心思放在今後要怎麼做上。

在塔羅牌的解讀上，最重要的是不受限於文本的形式而導致變得僵化。如同在這世界上有多少人，就有多少個人生一樣，反映內心的塔羅牌就算存在著同等數量的詮釋，也沒什麼不可思議的。

描繪在塔羅牌上的人物，都活在您的體內。「今天的我就像〈女祭司〉，確實地完成了工作」、「我昨天有些失控，就像〈權杖騎士〉的逆位啊」等等，在回顧一整天時，腦中有沒有浮現許多塔羅牌呢？人類擁有各式各樣的面向，這麼一想，您應該已經察覺，如果凡事只看事物的一面並做出種種判斷，未免也太可惜了。

塔羅牌賦予了我們摒棄無趣的價值觀並發現更多事物的雙眼。

即使遭逢難受的事，只要能培養透過塔羅牌看世界的感覺，無論何時都能夠冷靜下來。心情變得游刃有餘，而能從其他角度拓展全新的可能性。因此請走出名為「自己」的狹小世界吧。

願各位都能隨心所欲地將78張塔羅牌運用自如，藉此開拓美好的人生。

LUA

LUA

自幼就對超自然與神祕的世界十分感興趣，曾任電腦CG設計師，於二〇〇四年轉任占卜師。熟習西洋占星術、塔羅牌、盧恩字母、探測術、數祕術等。現在則撰寫與監修於雜誌、書籍、網路等各方媒體上刊載的占卜相關原稿。特別喜愛蜘蛛與恐怖片。

http://www.luaspider.com/

藝術指導	江原レン（mashroom design）
裝幀・本文デザイン	森 紗登美（mashroom design）
插畫	Hanna
編集協力	山田奈緒子、西川幸佳、新美静香（説話社）

塔羅解牌研究所 3 四週實戰課

出　　　版／楓葉社文化事業有限公司
地　　　址／新北市板橋區信義路163巷3號10樓
郵 政 劃 撥／19907596 楓書坊文化出版社
網　　　址／www.maplebook.com.tw
電　　　話／02-2957-6096
傳　　　真／02-2957-6435
作　　　者／LUA
翻　　　譯／Shion
企 劃 編 輯／陳依萱
校　　　對／周佳薇、許瀞云
港 澳 經 銷／泛華發行代理有限公司
定　　　價／350元
出 版 日 期／2021年11月

國家圖書館出版品預行編目資料

塔羅解牌研究所. 3, 四週實戰課 / LUA作；
Shion翻譯. -- 初版. -- 新北市：楓葉社文
化事業有限公司, 2021.11　　面；　公分
ISBN 978-986-370-335-8（平裝）

1. 占卜

292.96　　　　　　　　　　110014690